W0298972

# AU CŒUR DE LA K-CULTURE

LAROUSSE

**Direction de la publication :** Carine Girac-Marinier
**Direction éditoriale :** Stéphanie Jouzier
**Édition :** Ella-Meï Tabernero Chaudet
**Direction artistique :** Uli Meindl
**Conception graphique :** Sophie Rivoire
**Mise en page :** SKGD-Création
**Lecture-correction :** Catherine Decayeux et Sophie Petitprêtre
**Fabrication :** Audrey Chenu

© Éditions Larousse 2022
21, rue du Montparnasse
75283 Paris Cedex 06

ISBN : 978-2-03-597112-8

Toute reproduction ou représentation intégrale ou partielle, par quelque procédé que ce soit, du texte et/ou de la nomenclature contenus dans le présent ouvrage, et qui sont la propriété de l'Éditeur, est strictement interdite.

# AU CŒUR DE LA K-CULTURE

Anne-Claire Duval

LAROUSSE

L'AUTEURE

# Anne-Claire Duval

## auteure passionnée

**Anne-Claire est passionnée par la Corée du Sud depuis 2010**. À douze ans, elle découvre ce pays à travers sa pop-culture, et plus particulièrement le groupe de K-pop Girl's Generation. Grâce à ses neuf membres, Anne-Claire rencontre tout un univers qui l'intrigue et la fascine. Cet attrait pour la Corée la mène notamment à se lancer dans une licence LLCER de coréen à l'université Paris Diderot. Décidée à transmettre sa passion, elle participe activement à de nombreux événements de promotion de la culture coréenne en France. Diplômée d'un master en stratégies digitales, Anne-Claire fonde le blog koreac.fr, où elle partage ses découvertes food, mode, culture, lectures et bonnes adresses.

Rapidement, elle mûrit le projet d'un livre qui présenterait la Corée dans son ensemble et qui serait accessible aux novices comme aux passionnés. Elle imagine un beau livre, à présenter fièrement lorsque l'on explique son amour pour la Corée, un livre qu'elle aurait voulu posséder elle-même, plus jeune, afin de partager sa passion avec son entourage.

Il est bien sûr impossible de résumer l'histoire, la culture et la société coréennes en un seul ouvrage, Anne-Claire sélectionne donc quelques éléments qui donneront au lecteur un aperçu du « pays du Matin calme » tout en brisant les stéréotypes qui l'entourent.

Résolument féministe, elle considère qu'il est essentiel de mettre en avant les figures féminines qui ont marqué l'histoire de la Corée. Ainsi, Anne-Claire ponctue son ouvrage de portraits de femmes, des figures de proue qui ont construit la culture coréenne, et d'autres qui continuent de la façonner.

Elle espère que cette lecture permettra au public francophone de découvrir ou redécouvrir tout ce que la Corée a à offrir, et que chaque chapitre, chaque image, sera l'occasion d'un voyage.

Vous pouvez d'ailleurs suivre ses aventures coréennes via son compte Instagram, où elle partage des photos et vidéos de son mois en Corée à l'été 2022. N'hésitez pas à taguer sur les réseaux sociaux son identifiant @koreac.fr !

# LA CORÉE

# AUX ORIGINES DE LA CORÉE

## Le premier royaume de Corée : la légende de Dangun

Les origines des Coréens remontent à l'ère néolithique, la dernière période de la préhistoire. La légende prend ses racines en 2333 av. J.-C., le calendrier coréen comptant les années à partir de cette date.

La légende de Dangun, être mi-humain, mi-divin à l'origine de la fondation du légendaire royaume de Gojoseon, débute avec son grand-père, Hwanin, le dieu du ciel. Hwanung, le fils de Hwanin, souhaite vivre sur Terre. Hwanin permet alors à son fils et à trois mille de ses disciples de s'installer sur le mont Baekdu. Hwanung y fonde Shinshi, « la Cité de Dieu », avec l'aide des ministres des nuages, de la pluie et du vent.

Sur Terre, un tigre et une ourse demandent à Hwanung de devenir humains. Hwanung entend leurs prières ; il leur ordonne alors de manger des gousses d'ail et de l'armoise - des plantes médicinales considérées comme de la nourriture sacrée - et de demeurer cent jours tapis dans l'ombre. Le tigre abandonne, mais l'ourse réussit l'épreuve et se transforme en femme. Bien que sa prière soit exaucée, la femme-ourse, nommée Ungnyo, est insatisfaite : elle veut un enfant. Hwanung la prend alors pour femme et lui donne un fils nommé Dangun Wanggeom. Ce dernier règne pendant 1500 ans sur son royaume. Il meurt à l'âge de 1908 ans après s'être retiré dans les montagnes.

Dans les années 1990, la Corée du Nord affirme avoir découvert sa sépulture près de la capitale, Pyongyang. Aujourd'hui encore, Dangun est vénéré par de nouveaux mouvements religieux présents en Corée, comme le Dangungyo ou encore le Daejonggyo.

**La légende de Dangun**

C'est un des piliers de l'unité nationale. Dangun est considéré comme l'ancêtre de tous les Coréens, aussi bien dans le Nord que dans le Sud. À la fin de la période Goryeo, il fait figure de dieu pour les chamans et dans certaines religions.

Mausolée de Dangun, Pyongyang, Corée du Nord.

Statue de Dangun (père fondateur légendaire de Gojoseon) et porte Hongikmoon. Situées dans le sanctuaire Dangun, au sommet de la montagne Eunjeoksan. Cheongju, Chungcheongbuk-do, Corée du Sud.

開國聖祖檀君像
弘益人
理化世界
國祖檀

# Les Trois Royaumes

La dénomination « les Trois Royaumes », ou *Samguk*, fait référence à une période comprise entre le Ier siècle av. J.-C. et l'an 668. Cette époque est marquée par la prédominance de trois grands royaumes : Goguryeo, Baekje et Silla, qui donnent son titre au *Samguk sagi (Mémoires historiques des Trois Royaumes)*. Ce recueil contient d'importants éléments de la chronologie de la péninsule, de la préhistoire à la période des Trois Royaumes.

Baekje, situé dans le sud-ouest de la Corée, est fondé en 18 av. J.-C.; Silla, dans le sud-est, en 57 av. J.-C.; Goguryeo, dans le nord et en Mandchourie, en 37 av. J.-C. Un quatrième petit royaume, fondé en 42 av. J.-C. dans le sud-centre de la Corée et nommé Gaya, est rapidement annexé par Silla et Baekje.

Durant cette période, l'Empire chinois exerce une présence militaire importante sur le territoire coréen. Goguryeo est le royaume le plus vaste : il comprend la Corée du Nord actuelle et une partie de la Mandchourie. Au VIIe siècle, il est cependant annexé par le royaume de Silla, juste après la conquête des cités-États et du royaume de Baekje.

À l'époque, Baekje entretient de fréquents échanges culturels avec le Japon. C'est ainsi que le bouddhisme y est introduit au début du VIe siècle par des moines coréens. La secte japonaise du bouddhisme connue sous le nom de *zen* trouve son origine dans le bouddhisme mahayana, qui commence à se développer au Ve siècle en Chine continentale, et provient de la branche coréenne appelée *seon*.

En 676, Silla réussit à chasser les forces chinoises et à unifier la majeure partie de la péninsule coréenne malgré une tentative d'annexion par la dynastie Dang. Silla maintient les trois royaumes unifiés jusqu'au Xe siècle.

L'ancienne capitale, Gyeongju, se situe dans le sud-est de la péninsule. On peut aujourd'hui encore y admirer des vestiges archéologiques qui témoignent de la culture de l'époque.

**D'OÙ VIENT LE NOM « CORÉE » ?**

Le nom français de la Corée est un exonyme qui vient du terme Goryeo (nom de la péninsule de 918 à 1392). En effet, les deux Corées emploient des termes différents pour parler d'elles-mêmes et du pays unifié, qui s'appelle Joseon en Corée du Nord et Hanguk en Corée du Sud. Les préfixes *nam* (sud) ou *buk* (nord) sont ajoutés à ce nom pour spécifier de quel pays il s'agit. Les Sud-Coréens parlent donc de Hanguk pour la Corée du Sud et de Bukhan pour la Corée du Nord, tandis que les Nord-Coréens diront Joseon pour parler d'eux-mêmes, et Namjoseon pour désigner le Sud.

Hanguk signifie « le pays des Hans » ou encore le pays des « grands », et Joseon est le nom de la dynastie qui a régné sur la péninsule de 1392 à 1897.

Réplique de la statue en bronze des troupes de la dynastie Gaya à Gimhae, province du Gyeongsang du Sud, Corée du Sud.

Panorama du parc Daereungwon et des tombeaux royaux situés aux alentours de Gyeongju dans le centre de la ville coréenne de Gyeongju.

### La tombe de Cheonmachong

De grandes tombes anciennes des souverains de la dynastie Silla peuvent être visitées aux alentours de la ville de Gyeongju, dans le « parc des Tumuli » dans la légende ci-contre. Les tombes royales sont recouvertes de collines parfaitement intégrées au paysage. Vous pouvez également entrer et visiter l'intérieur de la tombe Cheonmachong. Une sortie hors du temps à ne pas manquer.

# Seondeok

## La première reine du royaume de Silla

**De 632 à 647, pour la première fois, une femme règne sur Silla. N'ayant pas d'héritier mâle, le roi de Silla désigne sa fille, alors connue sous le nom de princesse Deokman, pour lui succéder sur le trône en sa qualité d'aînée. Seondeok est la vingt-septième dans l'ordre des souverains du royaume.**

### UNE DIPLOMATE RESPECTÉE

La reine Seondeok a pour particularité de reconnaître les talents. Elle engage à son service Kim Chun-chu, habile diplomate qui deviendra roi Muyeol par la suite, et Kim Yu-shin, célèbre général aujourd'hui réputé pour avoir unifié la péninsule sous Muyeol. Elle fait adroitement usage de leurs compétences pour diriger le royaume.

Bien que les femmes jouissent d'un statut relativement élevé pour l'époque, elles demeurent principalement discriminées. Plusieurs femmes avaient déjà exercé le pouvoir en tant que conseillères, reines douairières ou encore régentes, mais c'est la première fois que le royaume a été dirigé par une femme. Pour affirmer son pouvoir, la reine Seondeok crée l'observatoire astronomique Cheomseongdae - qui signifie « la tour d'où l'on observe les étoiles » - afin de montrer au peuple qu'elle gouverne Silla selon la volonté du ciel.

### LA RÉVOLTE DE BIDAM

En 647, Bidam, l'un des conseillers de la reine, considère que le royaume ne peut être dirigé par une femme et il engage une révolte contre elle. Selon le recueil *Samguk Yusa*, une étoile serait tombée du ciel lors de la révolte, ce qui, aux yeux de Bidam, était le signe de la fin du règne de Seondeok. En réponse à ce présage, la reine aurait envoyé un cerf-volant enflammé dans le ciel pour « renvoyer l'étoile à sa place ».

La reine Seondeok meurt au cours de la rébellion, et sa cousine Jindeok lui succède sur le trône et met fin à la révolte. Bidam et trente de ses hommes sont exécutés sur ordre de la nouvelle reine, qui règne jusqu'en 654.

**L'observatoire Cheomseongdae**

L'observatoire Cheomseongdae est situé au sein du parc de Wolseong, dans la ville de Gyeongju. L'accès à l'observatoire est gratuit. Si vous êtes de passage dans la région, vous pouvez visiter ce patrimoine culturel qui constitue l'une des plus anciennes infrastructures scientifiques du monde.

Observatoire Cheomseongdae,
le plus ancien observatoire astronomique.
Gyeongju, Corée du Sud.

# Les *kisaeng*, courtisanes-artistes

Le terme *kisaeng* fait référence aux courtisanes coréennes semblables aux geishas japonaises. Bien que leur fonction principale soit de tenir compagnie aux hommes de haut rang, les *kisaeng* ne sont pas considérées comme des prostituées, mais comme des artistes.

## DES COURTISANES AUX MULTIPLES TALENTS

Apparues sous la dynastie Goryeo, les *kisaeng* sont tenues de remplir différents rôles au service du gouvernement. En plus du divertissement, elles sont chargées des soins médicaux, de l'art, de la poésie – appelée *sijo* – et de la couture. De nombreuses *kisaeng* travaillent à la cour royale, mais on en retrouve dans tout le pays. Leur formation est minutieuse et commence dès le plus jeune âge, aux alentours de huit ans. La carrière de ces femmes est très courte : elle prend fin vers l'âge de vingt-deux ans.

## *KISAENG* DE MÈRE EN FILLE

Jusqu'à l'annexion japonaise et l'occupation de la Corée en 1910, les *kisaeng* sont les femmes les plus éduquées du pays. Néanmoins, elles ont un statut social bien inférieur à celui de la noblesse. Pendant la période Goryeo et la période Joseon, elles font partie des *cheonmin*, l'un des rangs les plus bas de la société, avec les *baekjeong*, une caste de parias, et les *nobi*, esclaves. Ce système de castes est conforme aux principes de la philosophie néo-confucéenne : les filles des *kisaeng* héritent du statut social de leurs mères et deviennent à leur tour des *kisaeng*.

## UNE SOURCE D'INSPIRATION QUI PERDURE

Ces femmes jouent un rôle important dans la culture traditionnelle de la dynastie Joseon. Certaines des histoires les plus anciennes et les plus populaires de Corée, comme *Le Chant de Chunhyang*, présentent les *kisaeng* comme des héroïnes. Bien que les noms de la plupart des vraies *kisaeng* aient été oubliés, l'histoire en a retenu quelques-unes pour leurs talents exceptionnels. Hwang Jin-Yi est l'une des plus célèbres *kisaeng*, connue pour ses prouesses dans l'art du *sijo*.

Photographie d'une *kisaeng* prise entre 1910 et 1920.

# La dynastie Joseon

La période Joseon est celle durant laquelle la Corée est gouvernée par la dynastie Joseon, également appelée « dynastie Yi », au pouvoir de 1392 à 1910.

Pour reconquérir les territoires du Nord, sous domination mongole depuis 1259, le royaume de Goryeo ordonne en 1388 une campagne militaire menée par le général Yi Seong-gye. Celui-ci refuse l'attaque et retourne à la capitale où il organise un coup d'État.

Il accède au pouvoir et prend le nom d'empereur Taejo. Il est à l'origine de cette période appelée « renaissance coréenne ». Investi et autoritaire, il aspire à normaliser les relations avec la Chine des Ming. Lorsqu'il prend le contrôle du royaume de Goryeo, il le rebaptise Joseon, en référence au royaume du même nom qui occupait le nord de la péninsule jusqu'en 108 av. J.-C. et qui est désigné aujourd'hui par le terme Gojoseon, c'est-à-dire Joseon Ancien. Le nom de ce royaume légendaire signifie le « pays du matin frais », et non pas le « pays du matin calme », comme on le surnomme souvent de nos jours.

Le roi Taejo est adepte du néoconfucianisme et favorise le climat antibouddhiste de l'époque. La dynastie Joseon vit deux importantes périodes de prospérité durant lesquelles la culture connaît un grand essor.

Ce nouveau royaume résiste aux différentes attaques des envahisseurs avant de céder à la Mandchourie en 1627, dont il devient un État tributaire. Le royaume de Joseon finit par adopter une politique isolationniste, refusant tout contact avec des pays étrangers, ce qui lui vaudra le surnom de « royaume ermite ».

Façade du Palais Gyeongbokgung, Séoul, Corée du sud. Reconstruit en 1868 par l'ordre du prince régent. En restauration à partir de 1990 afin de rétablir pleinement le palais dans son ancienne gloire.

La Muraille de Séoul, ou Hanyang Doseong, est un mur d'enceinte construit par le roi Taejo en 1396 autour de la ville de Hanyang, aujourd'hui Séoul. La muraille fait 18 kilomètres de long ; il est possible de s'y promener et de bénéficier d'une magnifique vue sur la ville.

La dynastie Joseon règne sur la Corée jusqu'en 1910. Sa capitale est déplacée de Kaesong à Hanyang – l'actuelle Séoul, qui devient le centre économique, social et politique du pays, jusqu'à la division des années 1940.

Le pays connaît un âge d'or sous la dynastie Joseon, notamment sous le règne du roi Sejong le Grand avec l'adoption du confucianisme comme doctrine d'État. C'est cette période que l'on retrouve très régulièrement dans les dramas dits d'époque, caractérisés par leurs riches décors et costumes. Il faut cependant noter que ces séries ne mettent en lumière qu'une vision romancée de l'Histoire.

Statue d'un *haetae*, symbole de protection souvent présent à l'entrée des palais.

Trente-trois intellectuels coréens demandent aux autorités japonaises le rétablissement de la souveraineté nationale. Inspirés par la rhétorique du président américain Wilson, ils proclament publiquement l'indépendance de la Corée, en espérant le soutien occidental.

Par la suite, le sentiment de rejet s'exprime au travers de grandes manifestations dans toute la péninsule. Un an après les premiers mouvements, les révoltes sont étouffées dans le sang de sept mille morts et seize mille blessés.

Ce mouvement d'indépendance contribue à renforcer l'unité nationale et à lancer l'organisation d'une résistance par des Coréens exilés. Ces derniers ont en effet constitué un gouvernement provisoire à Shanghai. La présidence en est confiée à Rhee Syngman, futur premier président de la République de Corée.

Des mouvements nationalistes de différentes tendances se constituent en parallèle à ce gouvernement à Shanghai, notamment des groupes communistes en Chine et en URSS, dirigés par Kim Il-sung, qui deviendra par la suite dirigeant de la Corée du Nord.

En 1932, Rhee Syngman plaide la cause de son pays devant la Société des Nations à Genève, en vain. En février 1945, à la conférence de Yalta, le partage de la Corée aurait fait l'objet d'un accord entre Staline et Roosevelt en échange de l'appui des forces soviétiques dans le conflit américano-japonais. En 1945, le Japon capitule et le territoire coréen est divisé en deux zones.

Monument représentant le cri d'indépendance de la Corée au cimetière du Mémorial des Nations unies, Corée du Sud.

PORTRAIT

# Yu Gwan-sun

## lycéenne activiste

**Yu Gwan-sun est une icône des mouvements d'indépendance de 1919.**

Née à Cheonan, dans le sud de Chungcheong, elle est élevée dans une famille chrétienne aux fortes valeurs patriotiques et confucianistes. Elle fait partie des premières promotions de l'école secondaire pour filles Ewha, en 1918.

Le 1er avril 1919, à Byeongcheon, Yu Gwan-su prononce un discours appelant à l'indépendance de la Corée et incitant le peuple à rejoindre le mouvement ; les processions indépendantistes distribuent le *taegeukgi*, le drapeau coréen. Trois mille personnes finissent par la suivre.

Les manifestations rassemblées sur la place marchande d'Aunae sont réprimées par les autorités japonaises. Arrêtée alors par un agent de la police militaire, Yu Gwan-su est envoyée en prison, où elle retrouve l'un de ses frères, qui décède peu de temps après.

Elle continue de clamer l'indépendance de la péninsule, refusant d'abandonner sous la torture. Elle meurt le 28 septembre 1920 à l'âge de dix-huit ans des séquelles des violences et de la malnutrition subies dans la prison de Seodaemun.

Yu Gwan-sun est l'incarnation de la combativité coréenne. Elle est décorée à titre posthume en 1962 de l'Ordre du mérite de la Fondation nationale. Sa résistance face à la colonisation japonaise fait d'elle une figure emblématique souvent associée à Jeanne d'Arc.

Seodaemun Independence Park, Seodaemun-gu, Séoul, Corée du Sud. La prison de Seodaemun, aujourd'hui reconvertie en musée, comprend différentes reconstitutions de la prison pendant la période de colonisation japonaise. Une visite chargée d'histoire à ne pas manquer.

# La guerre de Corée

La guerre de Corée (1950-1953) fait partie des affrontements majeurs de la guerre froide. Après la capitulation des Japonais, les Américains et les Soviétiques s'emparent de la péninsule coréenne. Naissent alors deux États : au nord, la République populaire démocratique de Corée, dirigée par le général Kim Il-sung, est un régime communiste ; au sud, la République de Corée, dictature régie par Rhee Syngman, est proaméricaine.

La ligne de démarcation séparant la péninsule en ces deux États est établie sur le 38e parallèle nord. L'opposition entre les deux grandes puissances attise les tensions qui séparent les deux Corées : en 1950, la guerre éclate. Soutenus par les Soviétiques, les hommes de Kim Il-sung franchissent le 38e parallèle le 25 juin 1950, marquant le début des hostilités. En septembre, la Corée du Nord occupe la quasi-totalité de la péninsule, et les forces adverses se maintiennent autour de Busan, dans le sud-est. Les États-Unis réagissent immédiatement à l'offensive nord-coréenne en saisissant le Conseil de sécurité de l'ONU, qui condamne l'agression et vote la constitution d'une force internationale. Ces décisions sont prises sans opposition de la part de l'Union soviétique, qui à cette époque boycotte le Conseil et n'y a pas de représentant.

Le 15 septembre 1950, le général américain Douglas MacArthur fait une intervention militaire triomphante qui annonce le débarquement à Incheon. En octobre, l'armée américaine repousse les Nord-Coréens jusqu'au fleuve Amnok, situé à la frontière chinoise. Mao Zedong, chef militaire et fondateur de la République populaire de Chine, se tient prêt à riposter. Près d'un million sept cent mille volontaires chinois repoussent les forces de l'ONU derrière le 38e parallèle. Le conflit se stabilise fin 1951.

Les différentes offensives du Sud et du Nord conduisent au rétablissement de la situation d'avant-guerre. Un an d'affrontements pour un retour au quasi-statu quo. Les négociations aboutissent à l'armistice de Panmunjeom, le 27 juillet 1953, fixant la frontière de cessez-le-feu qui existe encore de nos jours. Le pays est toujours considéré comme étant en guerre puisque aucun traité de paix n'a été signé entre la Corée du Nord et la Corée du Sud. Soixante-dix ans après le conflit, l'espoir de réunification ne s'est toujours pas concrétisé. Les pertes humaines de cette guerre s'élèvent à environ deux millions de morts.

Évacuation de l'aérodrome de Suwon par les troupes sud-coréennes, Corée, 1950.

# L'HISTOIRE DES DEUX CORÉES

## La naissance des deux Corées

Après cette guerre traumatisante, la péninsule coréenne est divisée en deux États, et cela au mépris de tous ses enjeux géographiques, sociaux, culturels ou historiques. Se développent alors en parallèle deux Corées, aujourd'hui largement considérées comme antagonistes, voire irréconciliables.

La Corée du Nord est la seule dynastie communiste de l'Histoire. Le premier dirigeant, Kim Il-sung, décède en 1994. Son surnom, le « président éternel », fait directement référence à son rôle majeur dans la fondation du pays. C'est son fils, Kim Jong-il, qui lui succède. En 2011, à la mort de ce dernier, Kim Jong-un, le chef suprême actuel, prend la relève.

Le Nord a évolué ces soixante-dix dernières années pour devenir un pays dynastique autoritaire, recroquevillé sur lui-même et forçant vingt-cinq millions d'habitants à vivre dans la pauvreté, la haine de l'Occident et la méconnaissance du monde. La censure, le culte de la personnalité et la réglementation stricte des conditions de vie constituent leur quotidien. Les moyens de communication et les innovations technologiques accessibles à l'ensemble de la population sont également très limités ; il n'est donc pas étonnant de voir des paysans travailler la terre avec des charrettes et des bœufs dans les provinces entourant la capitale, Pyongyang.

La Corée du Sud représente, quant à elle, tout ce que ses voisins du Nord exècrent : libéralisme, mondialisation, américanisation. Dévastée à l'issue du conflit en 1953, considérée alors comme un pays du tiers-monde, elle est devenue en l'espace de soixante ans la douzième puissance mondiale[1].

Mais il ne faut pas s'y tromper, cette ascension spectaculaire ne s'est pas faite sans sacrifices ni tension : les Sud-Coréens ont eux aussi connu des périodes d'autoritarisme. C'est d'ailleurs sous la dictature de Park Chung-hee, entre 1962 et 1979, que la Corée du Sud prend son essor économique.

La société sud-coréenne d'aujourd'hui est dynamique, à la pointe de la technologie et fermement ancrée sur la scène internationale grâce au développement de son industrie du divertissement, levier majeur de la diplomatie publique du pays.

Ces deux États indépendants et antagonistes, soumettant un même peuple à des modes de vie opposés, sont séparés par une frontière artificielle dessinée en 1953 : la DMZ.

**VOYAGER EN CORÉE DU NORD**

Il est possible de trouver quelques reportages de journalistes ou de touristes partis en Corée du Nord pour des séjours touristiques, sur YouTube notamment. Il est captivant de voir comment les expéditions sont réglementées pour ne montrer aux visiteurs que ce que l'État accepte de leur dévoiler.

À noter également qu'il n'y a pas de délégation diplomatique française en Corée du Nord. Autrement dit, si vous avez un problème sur place, l'État français est pieds et poings liés et ne peut vous apporter l'aide dont vous avez besoin, qu'elle soit juridique, sociale, économique ou sanitaire.

[1] Source : FMI - classement des pays par PIB de 2018.

# La zone coréenne démilitarisée

La zone coréenne démilitarisée, souvent surnommée « DMZ » pour *demilitarized zone*, est créée le 27 juillet 1953 par les deux puissances ennemies de la période : l'URSS et les États-Unis d'Amérique. Vestige de la guerre froide, cette zone – où près d'un million de mines sont encore enfouies – est très largement surveillée par les soldats nord-coréens et sud-coréens, mais également par les divisions américaines, qui y stationnent depuis sa création. Il n'y a qu'un seul point de passage, sous le contrôle des Casques bleus de l'ONU, et que l'on connaît sous le nom de Joint Security Area. Il est presque impossible de passer cette frontière, et c'est d'ailleurs pour cette raison que les ressortissants nord-coréens s'enfuient la plupart du temps par la Chine pour rejoindre le Sud.

Cette frontière, censée être une aire dépourvue de forces militaires, constitue pourtant l'une des zones les plus militarisées et surveillées du monde.

Malgré la situation politique tendue, cet espace unique et paradoxal qu'est la DMZ est devenu un lieu de visite touristique contrôlé. Des circuits minutieusement délimités permettent un déplacement sécurisé dans la gare ferroviaire de Dorasan, le parc Imjingak avec ses nombreuses statues et ses monuments de la guerre de Corée, un ancien tunnel utilisé par des transfuges, la plateforme d'observation en hauteur d'Eulji...

Aujourd'hui, de nombreuses associations de préservation de la nature cherchent à faire inscrire la DMZ comme zone protégée au patrimoine mondial de l'Unesco. Entre les deux pays, remplis de méfiance et se surveillant continuellement, la nature a repris ses droits : c'est un lieu entouré de forêt  où les animaux se sentent en sécurité.

Cet espace, conséquence d'une haine humaine profonde, est aujourd'hui un environnement de paix pour beaucoup d'êtres vivants autres que l'homme.

**UN MUSÉE À LA FRONTIÈRE ENTRE LA CORÉE DU NORD ET LA CORÉE DU SUD**

Un musée, imaginé par l'architecte sud-coréen Min Hyun-jun, a été construit dans la zone démilitarisée entre entre les deux Corées. Son accès y est extrêmement limité et les visiteurs sont surveillés en permanence. Ancien bureau de douane, ce bâtiment est maintenant le musée d'art contemporain Unimaru, qui a vu naître sa première exposition, regroupant des artistes du monde entier, en septembre 2020.

L'observatoire Dora, situé dans la DMZ, à la frontière sud-coréenne et nord-coréenne.

Moulins à vent et sculptures en bois de forme humaine sur la colline du vent à Imjingak Pyeonghoa-Nuri, près du pavillon Imjingak. Paju, Gyeonggi-do, Corée du Sud.

Ancien train reliant les deux Corées à travers la DMZ. Panmunjom, Corée du Sud.

# La réunification est-elle possible ?

Depuis leur séparation, la réunification des deux Corées reste au cœur des préoccupations de leurs dirigeants, au Sud comme au Nord. Mais est-il possible de réconcilier deux États qui se sont développés de manière radicalement opposée ?

Le 15 juin 2000, Kim Jong-il et Kim Dae-jung, chefs d'État respectifs de la Corée du Nord et de la Corée du Sud, ont signé la *Déclaration conjointe Nord-Sud* dans laquelle ils « se sont accordés à œuvrer ensemble pour la réunification ». Vingt-deux ans plus tard, celle-ci n'a toujours pas eu lieu, car elle se heurte à un grand nombre de difficultés. L'histoire de cette réunification est ponctuée d'épisodes qu'illustre l'expression « un pas en avant, deux pas en arrière ». Les dirigeants sud-coréens successifs n'ont en effet pas la même vision de la réunification. En général, les conservateurs s'y opposent, alors que les progressistes, comme le président Moon Jae-in, y sont favorables. Pour la Corée du Sud, la réunification passe par la création d'un État fédéral où les deux Corées n'en formeraient plus qu'une, tout en gardant chacune une forme d'indépendance. Du côté de la Corée du Nord, le scénario diffère largement puisque le Front démocratique pour la réunification de la patrie, que Kim Il-sung a créé lui-même en 1946, souhaite la réunification par annexion du sud de la péninsule.

Ces dernières années, et plus particulièrement en 2018 et 2019, des échanges encourageants ont eu lieu entre les deux dirigeants coréens. Tout cela a notamment été facilité par la visite de Donald Trump dans le Nord lors de sa présidence, et par celle du président nord-coréen dans le Sud, une première historique. La différence de modèle économique et social est évidemment un frein dans les négociations,

Sculpture symbolisant la réunification de la Corée du Nord et de la Corée du Sud, parc Imjingak pour la paix, DMZ.

mais le véritable point noir qui empêche la Corée du Sud – mais également l'ONU – de faire des compromis est le refus par la Corée du Nord d'abandonner son armement nucléaire. Rien qu'en janvier 2022, Pyongyang a procédé à sept tirs d'essai d'armement, de quoi inquiéter son homologue du Sud.

La réunification ne semble alors pas près d'avoir lieu. Par ailleurs, l'élection cette année du nouveau président de la Corée du Sud, Yoon Suk-yeol, conservateur et bien moins compatissant que son prédécesseur concernant ce sujet, renforce cette idée. Pourtant, la constitution de la Corée du Sud ne mentionne pas l'existence du Nord. Elle définit le pays comme une seule et même péninsule avec plusieurs régions. Ainsi, légalement, un Nord-Coréen est également Sud-Coréen.

**La culture coréenne est née du mélange de peuples nomades et de l'influence des pays voisins, considérés comme les ancêtres directs des Coréens.**

L'influence de la culture chinoise est présente dans certaines traditions, coutumes et croyances coréennes, car ces deux sociétés sont étroitement liées, la plupart du temps dans une relation de bienveillance. Un exemple fort de culture partagée se trouve dans la philosophie confucéenne qui a laissé une forte empreinte sur les deux peuples.

Les différents conflits qui ont ponctué l'histoire de la Corée ont eu des conséquences profondes sur son unité. La plus marquante, toujours d'actualité, est la séparation de la péninsule en deux.

Ce qui est très étonnant, c'est l'existence de différences considérables entre la Corée du Sud et la Corée du Nord après un conflit qui n'est pourtant pas si lointain. Le Sud, souvent associé à un miracle économique, a su s'ouvrir au monde, tandis que le Nord, ancré dans une posture post-traumatique, s'est renfermé sur lui-même par crainte de nouvelles invasions.

Monument de réunification de la Corée du Nord et de la Corée du Sud, Pyongyang, Corée du Nord.

# LA CORÉE DU NORD

## La démographie nord-coréenne

En 2018, la population nord-coréenne représentait environ vingt-cinq millions d'individus. Elle a donc fortement augmenté en l'espace de soixante-quinze ans, puisque, à la fin de l'occupation japonaise en 1945, la Corée du Nord ne comptait que neuf millions d'habitants. Actuellement, l'espérance de vie à la naissance y est de 67,5 ans pour les hommes et de 75 ans pour les femmes. À titre de comparaison, en France, elle est de 79,1 ans pour les hommes et de 85,1 ans pour les femmes. Le nord de la péninsule est très montagneux, par conséquent, la population se retrouve majoritairement dans les régions côtières et au sud. Pyongyang, la capitale, regroupe près d'un dixième des habitants du pays.

On considère trop souvent que la population nord-coréenne n'est composée que de Nord-Coréens. C'est faux ! Par exemple, de nombreux Coréens vivant au Japon sont retournés sur leurs terres natales entre 1959 et 1962, souvent accompagnés d'une ou d'un conjoint. On compte encore aujourd'hui une petite diaspora japonaise en Corée du Nord. Mais un nombre important de Nord-Coréens vit aussi en dehors des frontières de la République populaire démocratique. La difficulté à traverser la DMZ force les Nord-Coréens à passer par la frontière chinoise ou russe. Ainsi, on estime à trois cent mille le nombre de Nord-Coréens cachés en Chine. Pourquoi se cachent-ils ? La Chine et la Corée du Nord sont en fait liées par un accord qui stipule que la Chine doit renvoyer dans le nord de la péninsule tout ressortissant transfuge. Ces derniers sont environ un millier, tous les ans, à rejoindre la Corée du Sud. C'est un parcours compliqué puisqu'ils doivent traverser la Chine et les pays d'Asie du Sud-Est pour espérer avoir un vol en direction de Séoul.

Nord-Coréens devant le Grand monument Mansudae, Pyongyang, Corée du Nord.

Vue du centre de Pyongyang, Corée du Nord.

# Les symboles nationaux de la Corée du Nord

Comme tout État-nation indépendant, la Corée du Nord est dotée d'un certain nombre de symboles qui servent à développer l'identité et le sentiment d'appartenance nationale.

## LE DRAPEAU

Le drapeau nord-coréen est adopté en 1948. Il est composé d'une étoile et d'une bande rouge, ainsi que de bandes blanches et bleues. Les valeurs du régime se lisent dans ses contours. En effet, l'étoile rouge, également symbole du pays, incarne le communisme. Le rouge, lui, représente les traditions révolutionnaires, alors que le blanc exprime la pureté. La dernière couleur du drapeau est le bleu, signe de souveraineté et de paix.

Les cheerleaders de la Corée du Nord font le spectacle lors des épreuves de patinage en couple à Gangneung Ice Arena, aux Jeux olympiques d'hiver de 2018 à Gangneung, Corée du Sud.

Portrait de Kim Il-sung et Kim Jong-il entouré de fleurs d'orchidées et de bégonias à Pyongyang, Corée du Nord.

## LE WON, LA MONNAIE NORD-CORÉENNE

Le won nord-coréen est la monnaie du pays depuis 1947, année où il remplace le yen coréen. Cependant, jusqu'aux années 2000, le won coréen est réservé aux citoyens nord-coréens. Pour les étrangers ou pour les échanges à l'international, l'euro ou le yuan sont utilisés.

## LA FÊTE NATIONALE

Le 15 avril, jour du Soleil, marque l'anniversaire du fondateur Kim Il-sung ; c'est la fête la plus importante du pays.

La célébration atteint son apogée lors de la parade militaire sur la place Kim Il-sung, où défilent soldats et armements. Le 16 février, jour de naissance de son successeur, Kim Jong-il, constitue également une fête nationale nommée « Jour de l'étoile brillante ».

### LE MAGNOLIA DE SIEBOLD

La plante de magnolia est de grande taille et peut mesurer jusqu'à six mètres de hauteur. La fleur de magnolia, elle, peut atteindre quinze centimètres. Très esthétique et odorante, elle a par ailleurs beaucoup de valeur puisqu'elle est utilisée pour la création de parfums, de médicaments ou encore d'objets artisanaux. Le climat humide de la péninsule coréenne est particulièrement propice à son développement.

C'est Kim Il-sung qui décrète que le magnolia de Siebold sera la fleur nationale en 1964, après l'avoir découverte au jardin botanique central. De par sa noblesse, elle lui semble tout à fait représentative de la population nord-coréenne. Tout dans cette plante lui donne cette impression : son parfum enivrant, sa grandeur et sa robustesse élégante, qu'il s'agisse de son tronc comme de ses feuilles.

La Corée du Nord est dotée de deux autres fleurs, non officielles, mais tout aussi symboliques puisqu'elles sont toutes les deux rattachées à des membres de la dynastie des Kim : une orchidée mauve portant le nom de « kimilsungia », et un bégonia rouge, nommé « kimjongilia ».

# La dynastie des Kim

Depuis 1948, la Corée du Nord est dirigée par la dynastie des Kim. Cette lignée, constituée de Kim Il-sung, de son fils Kim Jong-il et de son petit-fils Kim Jong-un, est la première dynastie communiste de l'Histoire.

Un culte de la personnalité lié à la philosophie du juche s'est développé autour de la dynastie Kim. Cette idéologie autocratique sur laquelle se fonde le régime nord-coréen peut être traduite en français par l'expression « pensée du corps-maître », formellement reconnue depuis 2013 comme unique autorité en Corée du Nord. En effet, la préservation du régime repose sur le pouvoir des Kim, qui l'incarnent. C'est ainsi qu'en Corée du Nord, le passé est constamment réécrit dans le but de les glorifier.

Le premier dirigeant de la dynastie est Kim Il-sung. Premier ministre du nord de la péninsule coréenne dès 1948, Kim Il-sung devient président de la République en 1972 et prend la tête du Parti du travail de Corée. Il est surnommé le « Dirigeant suprême, son portrait trône dans tous les foyers nord-coréens. Dans son autobiographie, Kim Il-sung présente sa version de l'histoire officielle de la Corée du Nord, dans laquelle il s'illustre comme héros de la résistance et de la révolution.

En 1994, son décès est annoncé par la présentatrice nord-coréenne Ri Chun-hee, en sanglots. Cette démonstration intense du dévouement du peuple nord-coréen envers son dirigeant est une des caractéristiques du culte de la personnalité instauré dans le pays.

À la mort de Kim Il-sung, son fils Kim Jong-il reprend le flambeau. Conformément à la tradition confucéenne, Kim Jong-il déclare un deuil de trois ans après le décès de son père.

Les statues de Kim Il-sung et Kim Jong-il au Grand Monument Mansudae, Pyongyang, Corée du Nord.

Statues des dirigeants nord-coréens Kim Il-sung et Kim Jong-il à cheval. Pyongyang, Corée du Nord.

Pour asseoir son pouvoir, Kim Jong-il utilise la propagande de masse et procède à une « triple révolution », idéologique, technologique et culturelle. Celle-ci passe notamment par le cinéma, et de nombreux films à la gloire des héros du juche sont alors tournés. Mais c'est avant tout grâce au développement du programme nucléaire que Kim Jong-il acquiert sa légitimité.Victime d'une attaque cérébrale, puis d'un cancer du pancréas, Kim Jong-il décède en 2011 et laisse le pouvoir à son fils Kim Jong-un, l'actuel dirigeant de la Corée du Nord.

Arrivé au pouvoir à moins de trente ans, Kim Jong-un parvient à cultiver sa ressemblance avec son grand-père en assumant ses fonctions militaires pour asseoir sa légitimité.

Après des hauts et des bas dans ses relations avec la Corée du Sud et les États-Unis, Kim Jong-un rencontre en 2018 le président sud-coréen Moon Jae-in, puis le président américain Donald Trump. Il devient le chef d'État officiel de la Corée du Nord en 2019, avant de remplacer son père en tant que secrétaire général du Parti du travail de Corée en 2021.

# Témoignage de Yeonmi Park

## « Je voulais juste vivre. »

**Vous avez peut-être eu l'occasion de voir une jeune femme en vêtements traditionnels coréens parler des horreurs de la Corée du Nord à la télévision ou sur les réseaux sociaux. Il s'agit de Yeonmi Park, une militante des droits de l'homme qui a fui la Corée du Nord en 2007 et est devenue célèbre grâce à son discours prononcé lors du sommet One Young World, en 2014.**

Yeonmi Park partage son histoire dans son roman *Je voulais juste vivre*, publié en 2017 aux éditions LGF.

En un peu moins de quatre cents pages, elle parvient à nous sensibiliser à la cause des droits de l'homme en Corée du Nord, tout en expliquant comment elle a réussi à traverser la frontière entre la Corée du Nord et la Chine avec sa mère après des années de misère, de faim et de répression. Ce n'est qu'à la fin d'un périple de près de dix ans à travers la Chine et la Mongolie que Yeonmi Park a enfin accédé à la liberté et est devenue l'une des dissidentes nord-coréennes les plus reconnues au monde.

Cet ouvrage autobiographique, acclamé par le *New York Times*, permet de se sensibiliser aux épreuves vécues par les réfugiés nord-coréens.

Yeonmi Park lors du sommet One Young World en 2014, à Dublin.

# LA CORÉE DU SUD

## La démographie sud-coréenne

Comme sa voisine du Nord, la population sud-coréenne se concentre majoritairement sur les côtes. Cela est notamment dû, comme au Nord, aux reliefs montagneux de la région. À la différence de la première, elle est très fortement urbanisée : en 2011, 83 % des Sud-Coréens vivent en ville, et la capitale, Séoul, regroupe à elle seule 24 % de la population. En effet, sur environ cinquante millions d'habitants, dix millions demeurent dans la ville même et près de vingt-deux millions résident dans la mégalopole regroupant les villes de Séoul, Incheon, Daejeon, Daegu et Busan.

L'espérance de vie des Sud-Coréens est bien supérieure à celle des Nord-Coréens. En effet, les hommes vivent environ 79,4 ans et les femmes presque 86 ans. À titre de comparaison, les Coréens vivent donc plus longtemps que les Français.

Il n'est pas rare d'entendre que la population coréenne est ethniquement et linguistiquement peu diversifiée. C'est le cas, mais ces dernières décennies on a noté un réel changement puisqu'en 2019, environ 2,5 millions d'étrangers vivaient en Corée du Sud. À titre de comparaison, en France, 5,1 millions d'étrangers ont été enregistrés en 2020. Mais force est de constater que la majorité des Américains ou des Chinois présents en Corée du Sud ont des origines coréennes. Cela participe tout de même au brassage ethnique et culturel de la population, de même que le mariage mixte dans les campagnes avec des femmes chinoises, par exemple.

Aujourd'hui, la Corée du Sud se retrouve face à un problème majeur. Avec l'urbanisation, la pression sociétale, l'accès à l'emploi des femmes et l'augmentation du coût de la vie et de l'éducation, le taux de fécondité en Corée du Sud – 0,98 – est un des plus bas du monde.

**Pourquoi le mariage mixte s'est-il fait majoritairement dans les campagnes ?**

Dans les années 1990, la Corée du Sud a été submergée par une vague d'avortements sélectifs à cause du principe confucéen : « Des trois manquements à la piété filiale, le pire est de ne pas avoir d'héritier mâle. » Ainsi, 116 garçons naissaient pour 100 filles, ce qui a créé un déséquilibre pour les jeunes hommes à marier.

Vue de la tour N de Séoul depuis la montagne Inwangsan, Corée du Sud.

# Les symboles nationaux de la Corée du Sud

## LE DRAPEAU

La Corée du Sud a elle aussi son propre drapeau, bien différent de celui de la Corée du Nord. Nommé « Taegeukgi », il est composé de différents symboles. On retrouve le *taegeuk*, une icône confucéenne symbolisant l'harmonie parfaite de l'Univers. La partie supérieure rouge est associée au *yang* et la partie inférieure bleue au *yin*. Le cercle est entouré de quatre trigrammes qui ont eux aussi une symbolique forte. Ils figurent les quatre éléments : les trois segments noirs du premier trigramme, en haut à gauche, représentent le ciel ; puis, dans le sens des aiguilles d'une montre, le second trigramme représente l'eau, le troisième, la terre, et le dernier, le feu. Ces trigrammes sont tirés du *Livre des Mutations (Yi Jing)*, un ouvrage classique de la littérature chinoise.

Drapeaux coréens et statues d'activistes indépendantistes en vêtements traditionnels. Village folklorique de Naganeupseong, Suncheon-si, Jeollanam-do, Corée du Sud, le 18 avril 2021.

## L'HYMNE

À la fin des années 1890, la dynastie Joseon commence à s'ouvrir au monde. Cette rencontre avec l'extérieur provoque un élan de patriotisme et de nationalisme en Corée, et donc la création de symboles pour matérialiser le sentiment d'appartenance nationale.

**L'HYMNE NATIONAL SUD-CORÉEN, *LA CHANSON DE L'AMOUR POUR LE PAYS* – *AEGUKGA* EN CORÉEN –, N'EST PAS ANCIEN COMME PEUT L'ÊTRE *LA MARSEILLAISE*.**

En effet, une première version voit le jour en 1902, mais c'est un hymne impérial, chanté sur l'air écossais *Auld Lang Syne*. Elle est ensuite remaniée dans les années 1930 pour ressembler à celle que l'on connaît aujourd'hui. En 1937, lorsque le gouvernement provisoire de la République de Corée se trouve en Chine, il adopte cet hymne pour représenter le pays, alors sous occupation japonaise. Après la Seconde Guerre mondiale, la Corée du Sud conserve l'*Aegukga* pour hymne, à la différence de la Corée du Nord. Ses paroles expriment l'amour, le cœur, ainsi que la nature de la Corée et de son peuple.

En 2002, à l'occasion de la Coupe du monde de football, Yoon Do-hyun, chanteur et guitariste du groupe de rock Yoon Do-hyun Band, sort une version plus rock de cet hymne, qui est maintenant souvent reprise par les jeunes générations pour soutenir leurs équipes favorites.

**LA FLEUR NATIONALE : LA ROSE DE SHARON**

La fleur nationale sud-coréenne est la rose de Sharon, appelée également *Hibiscus Syriacus*. À la différence de la Corée du Nord, dont la fleur représente la noblesse, elle incarne la persévérance. En effet, la rose de Sharon a pour caractéristique d'éclore chaque matin et de flétrir chaque soir. Cette renaissance quotidienne représente le tempérament des Coréens (endurance et ténacité). Elle incarne également l'immortalité, parce qu'elle elle est capable de résister aux parasites et aux insectes, et qu'elle pousse partout dans la péninsule.

Sculpture en pierre du *Haetae*, créature mythologique lion-licorne, entourée de fleurs d'hibiscus devant le bâtiment de l'Assemblée nationale.Yeouido, Yeongdeungpo-gu, Séoul, Corée du Sud.

# Park Geun-hye,

## une figure majeure de la politique coréenne

**Née en 1952, Park Geun-hye est la fille du dictateur Park Chung-hee. Elle devient députée en 1998, avant de diriger le parti conservateur sud-coréen entre 2004 et 2006.**

En 2012, Park Geun-hye est élue présidente de la Corée du Sud et devient la première cheffe d'État en Asie du Nord-Est. Elle prend des mesures contre les grandes entreprises coréennes, les *chaebols*, et met en place un plan économique créatif basé sur les artistes et inspiré par le succès de la chanson *Gangnam Style*. Cependant, elle est aussi critiquée pour son autoritarisme face aux syndicats et à la presse. Son gouvernement rédige, par exemple, une « liste noire » d'artistes qui lui sont défavorables.

En 2016, un scandale sans précédent éclate lorsque l'on apprend que la présidente serait sous l'influence de sa confidente, Choi Soon-sil, la fille d'un mystérieux chef chaman. Les Coréens manifestent pour demander la démission de Park Geun-hye, dont les pouvoirs sont suspendus par l'Assemblée nationale et la Cour constitutionnelle coréennes. La présidente est destituée en 2017 et condamnée à trente-deux ans de prison pour abus de pouvoir, corruption et détournements de fonds.

En décembre 2021, son successeur, Moon Jae-in, la gracie en raison de son état de santé.

Signe de protestation du peuple coréen contre la présidente Park Geun-hye sur la place Gwanghwamun. Séoul, Corée du Sud, 9 janvier 2017.

# DÉCOUVRIR LA CORÉE

## Les jardins coréens

Bien qu'ils soient relativement peu connus à l'étranger, les jardins coréens incarnent une beauté esthétique unique basée sur un fondement philosophique millénaire. Les archives de construction de jardins et palais les plus anciennes datent de la période des Trois Royaumes. Les Coréens ont su créer des espaces à la beauté naturelle et avec le moins d'artifices possible : l'organisation des jardins est le fruit d'un peuple en accord avec la nature.

### DES ORIGINES RELIGIEUSES

À la préhistoire, les Coréens croyaient que les roches avaient un pouvoir et répondaient à la volonté divine. Par conséquent, la disposition des rochers est considérée comme l'un des éléments « essentiels » dans la conception du jardin traditionnel coréen. Les Coréens ont récemment redécouvert la tradition du jardin de pierre, dans les autels de pierres empilées qui expriment le concept ancien d'un ciel rond et d'une terre carrée. Il existe également des jardins *suseok*, ou « arrangements rocheux ». Les décors rocheux des rituels chamaniques étaient construits sous la forme de sanctuaires ou d'autels célestes.

### L'ÉVOLUTION DU JARDIN TRADITIONNEL

Depuis la dynastie Koryo, lorsque le bouddhisme a été choisi comme religion d'État, les jardins ont évolué pour adopter le style *hwagye* (jardin de rocaille en terrasse), qui représente les arrangements rupestres bouddhistes *son* (équivalent du zen au Japon).

Au milieu de la période Koryo, un nouveau style de jardin de pierre appelé *imchon*, et comprenant un pavillon et un étang en pierre dans un environnement forestier, est devenu particulièrement populaire. Il l'est encore aujourd'hui.

Les jardins coréens sont structurés pour vivre en harmonie avec les paysages préexistants. La construction doit être faite avec le moins de déstabilisation possible. Les sites sont choisis en faveur du flux d'énergie *pungsu*.

### LE SYMBOLISME AU CŒUR DU JARDIN

On peut retrouver dans les jardins coréens un symbolisme spirituel et philosophique traditionnel. On peut aussi y déceler un hommage à l'histoire de la création de Dangun. Des symboles clairs comme les ornements stylisés peints sur les pavillons et les bâtiments, l'utilisation des couleurs et le nombre et types d'arbres, de rochers, d'étangs et de plantes : tous les éléments des jardins coréens portent un sens, une signification esthétique, culturelle et spirituelle.

Il existe en France deux jardins coréens. Au cœur du Jardin d'acclimatation à Paris se cache un jardin paysager de 5 000 mètres carrés offert par la ville de Séoul en 2002, avec différents édifices traditionnels. Le second, de superficie équivalente, se situe à Nantes, au parc du Grand-Blottereau, et porte le nom de « Suncheon Garden ». Il célèbre le 120e anniversaire des relations diplomatiques entre la Corée du Sud et la France.

Palais de Changdeokgung et jardin secret de Huwon, classés au patrimoine mondial de l'Unesco.

# Les trois mers de Corée

La péninsule est bordée par trois mers : la mer Jaune, la mer de l'Est (ou du Japon) et la mer du Sud. Avec près de 413 kilomètres de littoral, le pays est ainsi doté d'une formidable diversité de plages.

## DE PLAGES PARADISIAQUES…

Jeju-do est sûrement l'île la plus connue de Corée du Sud grâce à ses plages magnifiques. Gardées pour la grande majorité à l'état naturel, leur sable blanc et leur eau turquoise attirent tous les ans de nombreux touristes étrangers, mais aussi des Coréennes et Coréens venus se ressourcer !

Une plage exceptionnelle : la plage Samyang. Peu visitée, ou en tout cas beaucoup moins que ses voisines, sa particularité réside dans sa couleur. Son sable noir est issu d'un volcan de l'île, et il n'est pas rare d'y voir des personnes s'y rouler pour profiter de ses vertus thérapeutiques, notamment contre l'obésité ou la névralgie.

## … EN STATIONS BALNÉAIRES

Il existe d'autres plages bien plus urbanisées. C'est le cas de celles de la deuxième ville du pays, Busan, sur la côte sud-est, notamment Songjeong ou Haeundae. La ville côtière d'Ulsan compte elle aussi des merveilles, avec, non loin du centre-ville, la plage de Jinha. À voir également : la plage de Jeongdongjin, proche de Gangneung, qui se démarque notamment par sa falaise sur laquelle trône un magnifique paquebot de croisière.

Le paysage de plage de Haeundae, l'une des plus célèbres et des plus belles plages de Busan, Corée du Sud.

La plage de Seonyudo Island Okdol à Gunsan, Corée du Sud.

Cependant, la côte ouest n'en reste pas moins attrayante, avec des plages accessibles à tous. Par exemple, la plage de Sangju est proche de la ville d'Incheon où se trouve l'aéroport international. Nous pouvons également nous rendre du côté de la plage de Seonyudo, plus au sud, à Gunsan, où l'on peut louer des vélos pour explorer les alentours. La plage de Muchangpo à Boryeong, également appelée Moïse, est réputée pour son passage mystérieux qui s'ouvre dans l'océan. Ce phénomène, qui relève presque du miracle, se produit pendant les marées, l'été, deux fois par an.

Bref, en Corée, les vacances à la mer sont possibles pour tout le monde, et il y en a pour tous les goûts ! Certains préfèrent la tranquillité, alors que d'autres privilégient l'effervescence d'une station balnéaire proche de la mer.

Plage de Gangneung.

Si vous êtes féru de k-dramas et que vous avez vu *Lovestruck in the City*, allez donc faire un tour à la plage de Gyeongpo sur la côte est, lieu de tournage principal d'une grande partie de la série ! Pour voir les paysages des scènes épiques à la plage de *Twenty-five Twenty-One*, n'hésitez pas à passer le week-end à Gangneung ; vous y verrez également l'arrêt de bus de la pochette d'album de BTS, *You Never Walk Alone*.

Hyangho Beach Bus Stop, l'arrêt de bus de la pochette de l'album de BTS, *You never walk alone*. Gangneung, Corée du Sud.

# LES ÎLES CORÉENNES

## Une grande diversité d'îles

Il y a 3 215 îles en Corée du Sud. Elles se trouvent principalement près de la côte à l'ouest du pays dans la mer Jaune et au sud, dans le détroit de Corée.

La mer y est peu profonde et souvent sujette à de puissantes marées. La côte est, celle qui s'ouvre sur la mer de l'Est (mer du Japon), est plus rectiligne et compte peu d'îles. Seules les îles volcaniques de Jeju, Ulleungdo et Dokdo se trouvent autant à l'écart de la péninsule coréenne - *do* signifie « île » en coréen.

La plage d'Ujeon, située sur l'île de Jeungdo, se déploie sur quatre kilomètres le long de la côte sud-ouest de l'île. La spécialité y est le sel. En effet, cette île est la plus grande productrice de sel naturel en Corée. Son sable blanc argenté ainsi que sa vue sur la mer, parsemée de plus de 90 îles désertes, font d'Ujeon Beach l'une des destinations balnéaires les plus plébiscitées.

Windy Hill, pendant les vacances d'été, sur l'île de Geoje, Corée du Sud.

Vue aérienne de l'entrepôt de sel de Taepyeong Saltern sur l'île de Jeungdo, Corée du Sud.

Port de Baeksa Jang sur l'île d'Anmyeondo, Taean, Corée du Sud.

# Les dolmens de Gochang, Hwasun et Ganghwa

La Corée compte un nombre important de dolmens, qui sont la preuve que la péninsule coréenne était un territoire habité par l'homme durant la préhistoire. Ce sont des monuments funéraires mégalithiques, mais aussi des lieux de culte. On estime qu'ils ont été construits entre le début de la période néolithique et l'âge du bronze.

## CARTOGRAPHIER LE CIEL

Les chercheurs ont identifié plus de 40 000 dolmens en Corée, sur quelque 80 000 dolmens dans le monde. Certains dolmens coréens sont ornés d'une carte du ciel, reproduite avec précision. La lecture des étoiles était essentielle pour comprendre les modèles météorologiques dont l'agriculture dépendait fortement. Cela a permis le développement d'une population et d'une civilisation durables, avec une main-d'œuvre organisée, ce qui a ensuite mené à la construction d'un nombre aussi important de dolmens.

## LE TÉMOIGNAGE D'UNE CULTURE RICHE

Les dolmens auraient été bâtis durant l'ère du Joseon ancien, vers 2333 av. J.-C., sur environ 2 000 ans. Les fouilles archéologiques du XX$^{e}$ siècle ont révélé que l'ancien Joseon était une force formidable en Asie de l'Est, avec sa riziculture réussie, son tissage textile avancé et ses armes de l'âge du bronze. Selon les archives historiques, les textiles Joseon étaient des articles très recherchés.

Des chercheurs ont découvert des restes humains sous des dolmens. Plus d'une fois, l'analyse de l'ADN a révélé que les personnes n'étaient pas asiatiques, mais peut-être aryennes.

## DES TYPOLOGIES VARIÉES

Le dolmen de style nordique, que l'on trouve principalement dans la partie nord de la Corée et le territoire du Joseon ancien en Asie du Nord-Est, est composé de hautes jambes supportant une grande table en pierre plate.

Il existe un autre style hybride, où les chambres funéraires sont construites sous terre, et un bloc de pierre, allant parfois jusqu'à plus de 100 tonnes, est placé dessus.

Le plus grand dolmen jamais découvert se trouve à Ungok dans le comté de Gochang ; estimé à environ 300 tonnes, il est considéré comme le plus lourd dolmen au monde. Gochang est surnommée la « première capitale de la péninsule coréenne ». Les chercheurs estiment que des milliers d'hommes auraient été nécessaires pour déplacer le rocher. Sa construction a donc dû nécessiter la sollicitation d'une importante main-d'œuvre – et ce sans évoquer la gestion du travail manuel, de la nourriture et des ressources politiques nécessaires à la réalisation d'un projet de cette ampleur durant des temps préhistoriques. Ce qui est clair, c'est que les anciens Coréens savaient ce qu'ils faisaient : les dolmens sont encore debout.

De nombreux dolmens ont été construits face à un plan d'eau, généralement une rivière ou un ruisseau. En arrivant par l'eau, les visiteurs auraient été accueillis par des vues spectaculaires de ces monuments en pierre. Les îles Gochang, Hwasun et Ganghwa, trois régions coréennes riches en dolmens, ont été nommées sites du patrimoine mondial de l'Unesco en 2000. Ces trois régions contiennent la plus grande densité et la plus grande variété de dolmens au monde. C'est une coïncidence appropriée que le mot « dolmen », issu du cornique, contienne la syllabe *dol*, qui signifie « pierre » en coréen.

Dolmen dans le comté de Gochang, Corée du Sud.

# L'ÎLE JEJU-DO

## Des origines à la guerre de Corée

Jeju (également appelée Jeju-do) est surnommée « île de la lune de miel », grâce à ses plantations d'agrumes, ses chevaux en liberté, ses spectaculaires plages de roche noire et ses nombreuses cascades. Entre histoires tragiques, folklore et nature, l'île regorge de secrets.

C'est l'éruption du volcan Hallasan qui est à l'origine de la formation de l'île. Aujourd'hui éteint, il est le point culminant du pays avec ses 1 950 mètres d'altitude. Située à 85 kilomètres de la péninsule coréenne, l'île est la seule région subtropicale du pays. Le dialecte local, le *jeju*, contient un grand nombre de mots issus du japonais.

### LA DÉESSE QUI DONNA NAISSANCE AUX ÎLES

L'histoire de la création de l'île est basée sur la légende de Seolmundae. Il y a très longtemps, une déesse du nom de Seolmundae Halmang était l'être le plus grand et le plus fort du monde. Un jour, elle transporta de la terre dans ses jupons afin de la déverser au milieu de l'océan, faisant ainsi apparaître des formes d'îles. En ajoutant de la terre, elle façonna des cônes volcaniques autour de l'île. Au beau milieu de celle-ci, la déesse éleva une immense montagne, assez haute pour toucher la Voie lactée : ainsi naquit le mont Hallasan. Jugeant alors la montagne trop haute, Seolmundae en aurait cassé le pic, avant de jeter ce dernier dans l'océan en direction du sud-ouest, créant ainsi le mont Sanbangsan.

### UNE HISTOIRE COMPLEXE ET RICHE

Autrefois, l'île formait le royaume de Tamna, qui devint un vassal du Baekje dès 476, pour finalement perdre complètement son autonomie vis-à-vis des royaumes de la péninsule coréenne en 1404.

Lors de la colonisation japonaise, Jeju n'était qu'une petite île, mais elle participait fortement aux mouvements nationalistes. Parmi eux, le Mouvement antijaponais des femmes plongeuses de 1930, qui impliquait plus de 10 000 plongeuses, est le plus grand mouvement national de femmes jamais organisé.

Les trésors de Jeju-do.

Le 3 avril 1948 a lieu le soulèvement de Jeju. C'est durant cette année que le gouvernement intérimaire de l'armée américaine décide de se retirer pour donner le pouvoir à un président élu, le nationaliste et anticommuniste Syngman Rhee.

Ébranlé par cette décision soudaine, le Parti du travail de Corée du Sud prévoit d'organiser, le 1er mars, des rassemblements pour s'élever et protester contre les élections du 10 mai. Le 3 avril 1948 à Jeju, la police tire sur des manifestants qui se rassemblaient pour commémorer la lutte des Coréens contre l'occupation japonaise. En représailles, les habitants s'attaquent à douze postes de police. Une centaine de policiers et de civils sont tués durant les combats.

Les rebelles lancent un appel au peuple demandant de se soulever contre le gouvernement militaire américain. La répression de l'insurrection par l'armée sud-coréenne est qualifiée de brutale, avec la destruction de 170 villages en plus de dizaines de milliers de morts.

Elle déclenche une vague de rébellions en Corée continentale. L'insurrection dure jusqu'en mai 1949, mais des combats isolés perdurent jusqu'en 1953. Beaucoup d'habitants de l'île cherchent refuge au Japon. Ce massacre est passé sous silence jusqu'à la chute de la dictature militaire, en 1987.

Mont Sanbangsan.

# Jeju-do, l'île aux trois abondances

La déesse de la procréation Seolmundae, la déesse de la vie Samseung, la déesse du vent Yeongdeung, la déesse de l'agriculture Jacheongbi, la déesse du destin Gameunjangagi et d'autres divinités majeures de l'île de Jeju-do sont toutes des femmes.

Ainsi, Jeju-do est un pays qui appartient aux déesses. Les mythes premiers de la création de l'île ont poussé à la glorification des femmes sur l'île. En effet, ils ont eu un impact certain et incontestable sur la participation sociale active des femmes à Jeju, et l'importance accordée à leur rôle.

Jeju-do étant riche en vent, en pierres et en femmes, elle est depuis les temps anciens surnommée Samda-do, ce qui signifie « île aux Trois Abondances ». S'il y a historiquement plus de femmes que d'hommes, c'est en raison de l'activité de pêche en haute mer, où beaucoup de marins ont perdu la vie. Les natifs de Jeju-do doivent faire face à un environnement naturel difficile. Qu'il s'agisse de travailler dans l'océan, de cueillir des herbes dans les champs, de vendre des produits au marché, ou encore de transporter du bois de chauffage ou de l'eau, tous ces rôles étaient traditionnellement endossés par des femmes. Elles devaient s'adapter à un climat rude et à des circonstances de vie difficiles. La réputation de Jeju en tant qu'île des femmes reflète son histoire ancienne à ce jour.

Plongeuses de l'île de Jeju.

## *Dol hareubang*

Les statues *Dol hareubang* signifient littéralement « grand-père de pierre » dans le dialecte de Jeju. C'est autour de la période de restauration de l'indépendance que certains habitants se sont mis à les appeler *Dol hareubang*. Ce terme dérive du mot coréen *dol* (« pierre »), et de *hareubang*, issu du dialecte de Jeju et signifiant « grand-père ».

### UNE ESTHÉTIQUE CODIFIÉE

Les statues sont taillées dans la roche volcanique de basalte poreux de l'île de Jeju et peuvent mesurer jusqu'à trois mètres de haut. Elles arborent un visage rond avec des yeux exorbités, un gros nez et un léger sourire. Ces « grands-pères de pierre » ont aussi les mains sur le ventre, l'une plus haute que l'autre. Ils portent un chapeau rappelant la forme d'un champignon utilisé par les chamanes de Jeju.

### LES GARDIENS DE PIERRE

De nos jours, il existe quarante-sept *Dol hareubang* originaux. Deux se trouvent au palais de Gyeongbok et quarante-cinq dans la province de Jeju. Les origines de ces statues sont assez mystérieuses, et personne ne connaît leur véritable but et leur symbolisme. Selon l'explication historiquement acceptée, les statues de *Dol hareubang* étaient à l'origine situées sur les portes est, sud et ouest de la forteresse de Jeju, et étaient les gardiens du palais. Elles ont été retirées des murs de la forteresse et déplacées en raison de l'urbanisation. De nos jours, les *Dol hareubang* se trouvent à l'extérieur des maisons. On les aperçoit par exemple sur les ponts, dans les halls d'entrée d'hôtels, devant les restaurants et les magasins. Certaines personnes les considèrent comme des figures protectrices, chargées de garder les villes et de chasser les mauvais esprits.

Les *Dol hareubang* ont aussi une signification particulière dans le cadre du chamanisme. C'est un symbole de fertilité. Une légende raconte que si vous lui frottez le nez, vous donnerez naissance à un garçon, mais que si vous lui frottez les oreilles, le bébé sera une fille. D'innombrables touristes veulent rencontrer au moins l'un d'entre eux.

Statues *Dol hareubang*, Jeju-do, Corée du Sud.

# Les plongeuses de l'île de Jeju

**Les *haenyeo*, les « femmes de la mer », sont une communauté propre à l'île de Jeju (la « Corse coréenne »), inscrite au patrimoine culturel immatériel de l'Unesco.**

## Une histoire intimement liée à celle de l'île

Si l'île de Jeju est propice à la pêche depuis plusieurs siècles, les pêcheurs étaient soumis à une taxe jusqu'au XIXe siècle. Cette île étant dépendante des produits de la mer, c'est tout naturellement que les femmes (non concernées par la taxe, certainement car on pensait qu'elles ne pourraient assumer ces tâches) ont pris le relais.

Les plongeuses de Jeju sont ainsi devenues des « cheffes » de famille, tandis que leurs maris ont pris la charge de leurs enfants. Jusqu'au XXe siècle, les *haenyeo* ont représenté la structure matriarcale de l'île, en contradiction totale avec les valeurs confucéennes de la Corée. Il faut dire que dans un pays où la femme était considérée comme inférieure à l'homme, cette inversion des rôles n'était pas vue d'un bon œil à Séoul...

## Des symboles de l'émancipation féminine

Ces plongeuses sont réellement remarquables, car même si leur affranchissement de leur statut de femme au foyer tient davantage à la nécessité de subvenir à leurs besoins qu'à une volonté de faire évoluer la société, elles s'illustrent par leur bravoure. En effet, les *haenyeo* peuvent retenir leur souffle plus de deux minutes pour pêcher des fruits de mer (on parle de plongée *muljil*), sans craindre les requins et méduses rôdant dans les environs de l'île.

« Malgré elles », les *haenyeo* ont ainsi participé à l'évolution du statut de la femme dans la société coréenne, mais également à la protection de l'environnement en recourant à des méthodes traditionnelles de pêche, et ce depuis le XIVe siècle !

## Une tradition en péril

Malheureusement, ce symbole de l'île est aujourd'hui en grand danger. Et cela pour deux raisons : l'essor du tourisme sur l'île, qui présente une opportunité de travail pour les hommes, ainsi que l'éducation des filles des *haenyeo*, qui préfèrent travailler en ville. Sur les 600 000 habitants de Jeju, on ne comptait plus que 2 500 haenyeo actives en 2017, soit 0,42% de la population de l'île...

Celles et ceux qui sont intrigués par les *haenyeo* et veulent en apprendre davantage sur elles peuvent se rendre au musée ou au festival qui leur sont dédiés, sur l'île. Il est même possible de découvrir ces plongeuses sans aller en Corée, grâce au drama historique *Tamra, the Island* ou le film *My Mother, the Mermaid*, qui abordent tous deux ce sujet.

Haenyeo.

# LES PROVINCES ET GRANDES VILLES DE CORÉE DU SUD

En Corée du Sud, nous trouvons Séoul, la capitale, *teukbyeolsi* en coréen, et six grandes villes dites *gwangyeoksi*. Ces grandes villes, qui possèdent une autonomie équivalente à celle des neuf provinces, sont Busan, Incheon, Daegu, Daejeon, Gwangju et Ulsan. Les provinces sont elles-mêmes divisées administrativement en villes et en districts. Ainsi, Gangnam-gu est un district (*gu*) de la ville de Séoul. Toutes ces métropoles, plus ou moins proches de la côte, forment la mégalopole sud-coréenne.

## BUSAN

Busan est la deuxième plus grande ville de Corée du Sud. Située dans le sud-est, elle est devenue la plus grande zone industrielle du pays et possède le cinquième port de mer le plus fréquenté au monde. Elle est réputée pour être la « capitale d'été de la Corée du Sud » ou encore le « Marseille coréen ». Les plages, les restaurants et les cafés du front de mer de Busan sont en effet les principales attractions touristiques pendant les mois d'été. La ville a brièvement été la capitale de la Corée du Sud pendant la guerre de Corée. Connue comme une ville passionnée de baseball, Busan est également célèbre pour le basket-ball, le football, les courses de chevaux et le vélo. Par ailleurs, elle accueille chaque année le Festival international du film de Busan, le principal festival de cinéma en Corée. Busan est, géographiquement, la ville sud-coréenne la plus proche du Japon.

Vue panoramique du village culturel de Gamcheon, situé dans la ville de Busan, en Corée du Sud.

## INCHEON

Incheon est la troisième plus grande ville de Corée du Sud. Située dans le nord-ouest, c'est une grande agglomération côtière. Avec son port d'envergure internationale, Incheon est devenue une porte d'entrée majeure pour le commerce international et les échanges culturels avec les étrangers. De nombreux citoyens chinois habitent la ville, qui s'est proclamée « ville anglaise » après la mise à disposition de cours d'anglais gratuits pour tous. Incheon possède le plus grand aéroport de Corée : c'est ici qu'arrivent la plupart des vols internationaux. Il y a environ douze heures d'avion entre la France et la Corée.

Vue aérienne de Central Park au crépuscule, Incheon, Corée du Sud.

## DAEGU

C'est la quatrième plus grande ville de Corée du Sud et la deuxième plus grande ville de l'intérieur des terres après Séoul. Très peu de non-Coréens y vivent. Elle est entourée de montagnes abritant de nombreux temples bouddhistes. Il y a une grande scène artistique et culturelle dans cette ville, qui accueille notamment le Festival international d'opéra de Daegu et le Festival international de peinture corporelle de Daegu. Bien que ce soit une grande métropole, les habitants apprécient l'équilibre entre espaces urbains et espaces naturels, que l'on retrouve avec les montagnes environnantes ainsi que les nombreux parcs de la ville.

Pavillon en bois, Dalseong-gun, Daegu, Corée du Sud.

# Séoul

Séoul est la troisième mégalopole la plus peuplée du monde après Tokyo et Mexico. En effet, si l'on comptabilise les habitants intra-muros et ceux de son aire urbaine, dans laquelle on compte les habitants d'Incheon, nous arrivons à près de vingt-cinq millions de personnes : la moitié de la population sud-coréenne. Berceau des sièges sociaux des chaebols, grandes entreprises coréennes, Séoul est un pôle économique mondial, où l'on compte aussi bien des bâtiments aux dimensions et à l'architecture futuristes que des monuments historiques de l'ère Joseon. Elle possède d'ailleurs trois monuments classés au patrimoine mondial de l'Unesco : le palais de Changdeokgung, les tombes royales de la dynastie Joseon et le sanctuaire de Jongmyo.

Séoul se trouve dans le nord-ouest de la Corée du Sud, à environ quarante-cinq kilomètres de la DMZ. La ville est traversée par le fleuve Han, qui sépare les deux Corées au niveau de son estuaire.

La Corée offre un paysage montagneux et la région de Séoul n'y fait pas exception. Sa colline la plus importante se trouve au sud : Namsan, reconnaissable entre mille grâce à sa tour qui est aujourd'hui mondialement célèbre.

Temple de Bongeunsa à Séoul, en Corée du Sud.

Sanctuaire de Jongmyo à Séoul, en Corée du Sud.

# Seoul by night

L'image qu'évoque Séoul est souvent celle d'une ville qui se transforme à la nuit tombée. Le soir se déploie en un long rêve dans une aquarelle de lumières et de couleurs qui irradie la fête, avant que tout ne s'efface, comme une illusion lavée de toute cette euphorie, au petit matin. La ville diurne et nocturne sont tellement différentes qu'elles semblent appartenir à deux mondes bien distincts, révélant tout le paradoxe de la vie coréenne, entre abnégation assidue le jour et extravagance exaltée la nuit.

Lors d'une escapade nocturne à Séoul, vous trouverez très probablement des cafés ouverts 24 heures sur 24, des karaokés bruyants et des bars accueillants. Il est courant de veiller tard le week-end, mais aussi en semaine, parfois après une longue journée de travail. Il existe une réelle culture de la fête en Corée. Un simple regard sur la ville de nuit suffit à le comprendre. Le week-end, les Coréens peuvent festoyer jusqu'à huit heures du matin, et il n'est pas rare de croiser dans les rues des fêtards ivres et des groupes euphoriques. Les Séoulites boivent entre amis, mais aussi entre collègues après le travail. Certains employés enchaînent les journées en ayant dormi une heure, parfois deux. Cela donne une idée de l'importance des liens sociaux dans cette société, mais aussi de la pression alimentée par le monde du travail.

Panneaux d'affichage colorés dans les rues de la capitale, la nuit, Séoul, Corée du Sud.

Vue nocturne du ruisseau
Cheonggyecheon, Séoul, Corée du Sud.

Que vous vous dirigiez vers le quartier chic et rutilant de Gangnam, en direction de la zone multiculturelle d'Itaewon, ou encore vers la mosaïque de néons de Jonggak, les devantures de bars illuminent la rue tard dans la nuit. Il est d'usage de toujours proposer de la nourriture lorsque l'on sert des boissons alcoolisées, et ainsi de servir le *soju* – équivalent de la bière – avec des *anju*, des plats d'accompagnement. D'une part, ces en-cas se marient très bien avec l'alcool, mais ils permettent aussi de ne pas boire le ventre vide.

Vue d'une allée du marché de Gwangjang
la nuit, Séoul, Corée du Sud.

## CLUBS ET *BOOKING*

Le business des clubs et des boîtes de nuit est lui aussi très développé ; certains quartiers, endormis en journée, se réveillent à la nuit tombée. Leurs rues, embrasées d'enseignes lumineuses, se gorgent alors de monde. Les « clubs » ressemblent à nos boîtes de nuit, et les « *nights* » fonctionnent plutôt comme des lieux de rencontre où la pratique du « *booking* » est régulière. Cette pratique consiste à encourager la socialisation : les serveurs sont payés par les clients masculins pour ramener des clientes à leur table afin de faire connaissance.

En effet, le confucianisme et sa stratification hiérarchique a eu de fortes répercussions sur la vie sociale des Coréens : la crainte de faire un faux-pas face à un étranger dont on ignore la position sociale a paralysé les interactions. Certains étrangers confondent ces boîtes avec des clubs d'hôtesses, pourtant les femmes qui fréquentent ces lieux ne sont pas des employées ni des prostituées, mais de simples clientes.

### LES *POJANGMACHA*

Au détour des rues, on croise parfois des chapiteaux urbains appelés *pojangmacha*. Ce sont des points de vente, souvent aménagés de tables, de chaises, et couverts d'une large bâche de plastique. Ils servent à abriter et protéger du froid les derniers courageux, les fêtards insatisfaits, ou les travailleurs persévérants. Ces abris de fortune constituent la preuve la plus formelle de la vie nocturne des Coréens, que ni le froid ni l'heure avancée ne semblent impressionner. On y sert de l'alcool ainsi que divers plats et *anju*. De nombreux stands et marchés restent ouverts tard dans la nuit pour proposer de la nourriture. Le marché de Dongdaemun, apprécié des touristes, se révèle à la nuit tombée. Le quartier est saturé de monde quand le jour décline et tous s'émerveillent face à la variété presque irréelle des articles proposés sur les étals.

Alors partez flâner le long du Cheonggyecheon, arrêtez-vous dans un « club » de Hongdae et admirez la vue de la tour N. Profitez de la frénésie grisante de Séoul la nuit. Le temps semble alors s'arrêter et, quoi que vous fassiez, vous croiserez forcément au détour d'une rue des personnes prêtes à continuer la soirée. Séoul ne dort jamais !

Mont Namsan, tour N, Séoul, Corée du Sud.

# LE CALENDRIER CORÉEN

## Le calendrier lunaire

En France, nous utilisons un calendrier solaire, appelé également le calendrier grégorien, correspondant à la durée calendaire du rythme de rotation de la Terre autour du Soleil. Les Coréens en font également usage, en parallèle à un calendrier lunaire appelé *eumnyeok* et déterminé par les phases de la Lune. La Corée célèbre ainsi deux fois la nouvelle année. Chaque mois commence avec une nouvelle lune, dite *choseung dal*. La pleine lune apparaît à la moitié du mois : c'est la *boreum dal*. Les mots « mois » et « lune » forment d'ailleurs un seul et même mot en coréen : *dal*.

Le calendrier lunaire coréen, dérivé du calendrier chinois, existe depuis des siècles. Entre 270 et 963, le calendrier est découpé en ères ; chacune correspond au temps de règne d'un souverain. Chaque nom d'ère a un lien avec la poésie et la philosophie, et non pas avec le souverain. Cette tradition ancestrale purement coréenne est rapidement balayée par l'influence chinoise, ce qui conduit les Coréens à utiliser pendant près de neuf cents ans les noms des ères chinoises. En 1895, le calendrier grégorien est adopté et les ères coréennes redeviennent également d'usage. Ainsi, les années sont comptées à partir de la fondation de la dynastie Joseon, qui correspond à l'an 1392.

À partir de 1905, durant l'occupation japonaise, la Corée se voit contrainte de se calquer sur le système nippon. De nouveau, les ères coréennes sont abolies, pour cette fois laisser place aux japonaises. À la fin de l'occupation, les Coréens adoptent un nouveau système : les années du calendrier sont désormais comptées depuis la fondation du Gojoseon, en 2333 av. J.-C. Cette numérotation est utilisée en parallèle avec le calendrier lunaire jusqu'en 1961.

En Corée du Nord, le calendrier Juche, basé sur la naissance de Kim Il-sung, est employé depuis 1997.

Aujourd'hui, dans le calendrier lunaire coréen, plusieurs dates célèbrent les phases de la Lune, notamment le Nouvel An lunaire, appelé *Seollal*, qui a lieu le premier jour du premier mois lunaire. Le *Jeongweol Daeboreum* est la première pleine lune, le quinzième jour du premier mois lunaire. La fête des récoltes, appelée *Chuseok* ou *Hangawi*, a lieu le quinzième jour du huitième mois lunaire.

Table garnie de divers fruits et aliments pour la fête traditionnelle coréenne du Nouvel An lunaire.

# L'horoscope coréen

En Asie, l'horoscope a une grande importance et fait partie des aspects traditionnels des croyances actuelles. L'horoscope coréen vient de la Chine ancienne. Chaque année lunaire est associée à un animal considéré comme un gardien. L'horoscope est composé de douze animaux dans un ordre qui, selon la légende, est celui dans lequel ces animaux ont répondu à l'appel du Bouddha. On retrouve ainsi le rat, le buffle, le tigre, le lapin, le dragon, le serpent, le cheval, la chèvre, le singe, le coq, le chien et enfin le cochon.

Les animaux sont également associés à l'un des cinq éléments : l'eau, le feu, la terre, le bois et le métal. La personnalité et le caractère de chacun sont déterminés par le signe et l'élément sous lesquels il est né. Pour les plus curieux, vous trouverez sur Internet plusieurs sites vous permettant de connaître l'élément rattaché à votre signe.

Le cycle des animaux et celui des éléments recommencent tous les douze et cinq ans respectivement, créant ainsi un cycle de soixante années aux combinaisons différentes.

Voyons quelles sont les principales caractéristiques de ces signes.

쥐

**RAT – *JWI***
intelligent, débrouillard, versatile, gentil
1924, 1936, 1948, 1960, 1972, 1984, 1996, 2008, 2020

소

**BUFFLE – *SO***
studieux, fiable, fort, déterminé
1925, 1937, 1949, 1961, 1973, 1985, 1997, 2009, 2021

호랑이

**TIGRE – *HOLANGI***
brave, confiant, compétitif
1926, 1938, 1950, 1962, 1974, 1986, 1998, 2010, 2022

토끼

**LAPIN – *TOKKI***
silencieux, élégant, gentil, responsable
1927, 1939, 1951, 1963, 1975, 1987, 1999, 2011, 2023

Statues du zodiaque chinois à Gyeongbokgung, Séoul, Corée du Sud.

용

**DRAGON – *YONG***
confiant, intelligent, enthousiaste
1928, 1940, 1952, 1964, 1976, 1988, 2000, 2012, 2024

뱀

**SERPENT – *BAEM***
énigmatique, intelligent, clairvoyant
1929, 1941, 1953, 1965, 1977, 1989, 2001, 2013, 2025

말

**CHEVAL – *MAL***
énergique, actif, animé
1930, 1942, 1954, 1966, 1978, 1990, 2002, 2014, 2026

양

**CHÈVRE – *YANG***
calme, doux, sympathique
1931, 1943, 1955, 1967, 1979, 1991, 2003, 2015, 2027

원숭이

**SINGE – *WEONSUNGI***
vif, intelligent, curieux
1932, 1944, 1956, 1968, 1980, 1992, 2004, 2016, 2028

닭

**COQ – *DALG***
observateur, travailleur, courageux
1933, 1945, 1957, 1969, 1981, 1993, 2005, 2017, 2029

개

**CHIEN – *GAE***
mignon, honnête, prudent
1934, 1946, 1958, 1970, 1982, 1994, 2006, 2018, 2030

돼지

**COCHON – *DWAEJI***
sentimental, généreux, studieux
1935, 1947, 1959, 1971, 1983, 1995, 2007, 2019, 2031

## Le système d'âge coréen

Pour les Coréens, le changement d'âge ne se fait pas le jour de la naissance, comme nous en avons l'habitude, mais à la nouvelle année.

En France, l'âge est calculé à partir de la date exacte de notre naissance et il change à chaque anniversaire. En Corée, lorsqu'un bébé naît, on considère qu'il arrive au monde avec un an d'âge. Les Coréens comptabilisent en effet le temps passé dans le ventre de la mère, environ neuf mois, qu'ils ont arrondi à un an.

Pour que ce soit plus clair : le 1er janvier, tous les Coréens ajoutent un an de plus à leur âge. Par exemple, en ajoutant l'anniversaire collectif au tournant de l'année, si un bébé naît le 31 décembre – on considère qu'il a alors un an –, le lendemain, il aura deux ans.

Il faut noter que la date de naissance est toujours célébrée comme une fête importante.

Vous savez maintenant que lorsque vous demandez à un Coréen son âge, il est important de garder à l'esprit ce système. Il est de coutume d'indiquer son année de naissance afin d'éviter toute confusion.

**Voici le calcul à effectuer pour calculer son âge coréen**

Âge coréen = Année actuelle - Année de naissance + 1

# LES SUPERSTITIONS, MYTHES ET LÉGENDES

## Groupe sanguin et personnalité

Dans la culture coréenne, on considère qu'il existe une relation entre le groupe sanguin et la personnalité de chaque individu.

Les origines de la théorie selon laquelle le groupe sanguin définit la personnalité remontent à 1927. Un professeur japonais en psychologie nommé Takeji Furukawa publie un article dans lequel il spécule sur la relation entre les différents groupes sanguins et les traits de personnalité. Cette théorie refait surface en 1970 dans le livre *Comprendre l'affinité des groupes sanguins* du journaliste Masahiko Nomi. Elle devient alors si populaire qu'elle se propage dans d'autres pays asiatiques, dont la Corée.

Il est très fréquent que ce sujet soit abordé lors de nouvelles rencontres. Il est en effet de coutume de demander à son interlocuteur, en plus de son âge, son groupe sanguin, afin d'établir s'il y a compatibilité ou non.

On dit que les personnes du groupe sanguin A sont généralement diplomatiques, amicales, sensibles et timides. C'est pourquoi elles préfèrent être seules qu'en groupe, et peuvent se sentir mal à l'aise dans les endroits bondés. Il leur faut du temps pour s'ouvrir à de nouvelles personnes car elles ont un cœur fragile. De ce fait, elles ne s'expriment pas facilement et savent très bien cacher leurs sentiments. La meilleure façon de se lier d'amitié avec un type A est d'être patient, en lui permettant de se montrer petit à petit pour apprendre à le connaître. Les personnes de ce groupe ont tendance à obtenir les meilleurs résultats dans ce qu'elles font, et c'est pourquoi elles sont considérées comme des perfectionnistes.

Les personnes du groupe sanguin A sont les plus compatibles avec celles du groupe O.

Les personnes de groupe sanguin B seraient les plus extraverties. Elles ont tendance à être indépendantes, créatives, optimistes et passionnées. Elles ne craignent jamais de dire ce qu'elles ressentent, au point d'être parfois considérées comme égocentriques. Elles sont honnêtes, curieuses et aiment l'attention : elles peuvent facilement se faire des amis. Cependant, les hommes de type B sont réputés pour ne pas savoir maintenir des relations stables.

La meilleure compatibilité pour le type B est le AB. Le moins compatible est le type A.

Les personnes de type AB sont souvent qualifiées de génies ou de psychopathes – ce serait dû au mélange de leur groupe sanguin. Leur personnalité est imprévisible et change facilement en fonction de la situation, tout comme les activités qu'elles pratiquent : elles peuvent immédiatement passer d'une chose à une autre. Malgré ces changements de personnalité, les personnes AB sont généralement très intelligentes, critiques et très rationnelles ; elles ne supportent pas de se retrouver dans une situation irrationnelle. En raison de leur dualité, elles ont du mal à interagir avec les gens et peuvent être interprétées à tort.

La meilleure compatibilité du type AB est avec le même type, ainsi qu'avec le type B. La pire compatibilité est de type O.

Les personnes de groupe sanguin O sont souvent vues comme des leaders naturels. Elles sont considérées comme extraverties, amicales, énergiques et douées d'un sens pratique. Elles ont plusieurs caractéristiques qui marquent leur capacité de leadership, notamment la facultés d'exprimer des opinions de manière constructive en s'assurant de l'écoute de chacun. Elles savent gérer leurs émotions, et ont la réputation de toujours être stables et sous contrôle. Pour ces raisons, le groupe sanguin O est particulièrement apprécié dans le cadre du travail, notamment dans des postes de direction. Cependant, même si elles peuvent sembler fortes de l'extérieur, les personnes de ce groupe sanguin sont souvent très sensibles. Bien qu'elles sachent exprimer efficacement leurs idées, il n'en va pas de même pour leurs sentiments.

Leur personnalité est compatible avec celle des types A et B. En revanche, elle ne l'est pas avec celle du type AB.

## Dal(soon)-nim - La lune, sœur du soleil

La lune (*dal* en coréen) est un des personnages principaux d'un conte coréen très connu, qui n'est pas sans rappeler celui du *Petit Chaperon rouge*.

Ce conte est issu de la mythologie prébouddhiste, qui a en grande partie aujourd'hui disparu, car elle était transmise oralement..

Au commencement, un chaos initial a formé le monde et des géants ont créé le ciel, les étoiles, les îles et les montagnes avant de tomber dans un sommeil éternel. L'histoire de *Dalsoon-nim* raconte comment la lune et le soleil ont ensuite été créés.

Jadis vivait une mère avec son nouveau-né et ses trois fillettes : Haesooni, Dalsooni, et Byeolsooni. Une nuit, la mère se trouva dans la montagne face à un tigre affamé. Elle proposa au tigre de manger ses enfants en lui donnant le nom de ses filles, mais il la dévora.

Le tigre alla ensuite frapper à la porte de la maison en appelant les fillettes par leurs noms.

Celles-ci, ne reconnaissant pas la voix de leur mère, demandèrent au tigre de leur montrer sa main et ses jambes. Le tigre leur montra une main jaune et des jambes noires, mais réussit à convaincre les trois filles, qui lui ouvrirent la porte.

Le tigre demanda ensuite aux fillettes de lui donner le bébé, ce qu'elles firent, et il le mangea dans la cuisine. À la découverte de cette scène, les filles voulurent s'enfuir. Elles demandèrent si elles pouvaient aller aux toilettes et en profitèrent pour sortir dans la cour et grimper dans un arbre près d'un puits.

Le tigre les chercha et remarqua leur reflet dans l'eau du puits. N'arrivant pas à monter dans l'arbre, il demanda aux fillettes comment elles s'y étaient prises. Sans réfléchir, l'une d'entre elles lui dit de prendre une hache pour entailler l'arbre.

Le tigre parvenant à grimper, les trois sœurs prièrent le Ciel de leur envoyer des cordes d'argent. Elles s'élevèrent ainsi vers le ciel. Le tigre reçut quant à lui une corde pourrie, qui se rompit. Il tomba dans le puits et mourut. Dans le ciel, Haesooni devint le soleil, Dalsooni se transforma en la lune et Byeolsooni se changea en étoiles.

# LES FÊTES ET LES JOURS FÉRIÉS EN CORÉE

En Corée, il existe trois types de fêtes : les fêtes nationales, les jours de lever du drapeau national et les jours fériés.

**1er janvier : Jour de l'an**

Si les Coréens célèbrent principalement le Nouvel An du calendrier lunaire, le 1er janvier est également fêté. Les Coréens en profitent généralement pour aller sur la côte ou à la montagne efin d'assister au premier lever de soleil de l'année.

**1er jour du mois lunaire (fin janvier ou début février) : *Seollal***

À l'occasion de *Seollal*, les grandes villes se vident pendant trois jours : les Coréens rendent visite à leurs familles dans leurs régions natales et honorent leurs ancêtres en partageant des repas traditionnels.

**1er mars : *Sam-il Jeol* - Jour du mouvement d'indépendance**

Le 1er mars 1919 est l'une des dates les plus importantes de l'histoire coréenne moderne. Les Coréens commémorent le mouvement d'indépendance avorté en emplissant les rues du pays de drapeaux nationaux.

**5 avril : Sing*mogil* - Jour des arbres**

Ce jour est célébré depuis la fin de la guerre de Corée. À l'origine, cette célébration avait été instaurée afin de remédier au problème de la déforestation due au conflit. Aujourd'hui, les Coréens continuent de planter des arbres à l'occasion du *Singmogil* pour témoigner leur respect de la nature.

**5 mai : *Eolininal* - Jour des enfants**

Cette fête traditionnelle trouve son origine dans une lettre de l'écrivain Bang Jeong-hwan, dans laquelle il déclarait que les enfants coréens étaient l'avenir de la nation. Elle est fêtée le 1er juin en Corée du Nord, afin de coïncider avec la Journée internationale des enfants.

**8e jour du 4e mois lunaire (fin mai ou début juin) : *Seokgatansinil* - Anniversaire de Bouddha**

L'anniversaire de Bouddha est une fête bouddhiste qui célèbre à la fois la naissance, l'éveil et la mort de Bouddha. Les rues et les temples sont alors décorés de lanternes en papier qui s'allument à la nuit tombée.

**6 juin : *Hyeonchungil* - Commémoration des morts pour la patrie**

Cette fête est célébrée depuis 1956 afin de commémorer les hommes et les femmes disparus au cours de leur service militaire, notamment pendant la guerre de Corée. À dix heures, des sirènes sonnent dans tout le pays et les Coréens font des prières silencieuses pendant une minute.

**17 juillet : *Jeheonjeol* - Jour de la Constitution**

Le jour de la Constitution est une fête nationale célébrant la proclamation de la République de Corée en 1948, après la séparation du Nord et du Sud. Cette date correspond à la date de fondation de Joseon par le roi Taejo.

**15 août : *Gwangbokjeol* - Journée nationale de la libération de Corée**

Cette journée commémore la victoire qui a mené à la libération de la péninsule coréenne par les Alliés en 1945, alors occupée par le Japon.

**15$^{e}$ jour du 8$^{e}$ mois lunaire (fin septembre ou début octobre) : *Chuseok* - Fête des moissons**

Lors du *Chuseok*, les familles accomplissent des révérences rituelles en vêtements traditionnels coréens et font des offrandes sur les tombes de leurs ancêtres. La Fête des moissons remonte à l'époque de la dynastie Silla.

**3 octobre : *Gaecheonjeol* - Jour de la Fondation**

Le jour de la Fondation correspond à la date de la fondation du premier État de la péninsule, Gojoseon, par Dangun, en 2333 av. J.-C. Ce jour est considéré comme la date de naissance du peuple coréen.

**9 octobre : *Hangeulnal* - Jour de l'alphabet coréen**

Le jour du *hangeul* marque l'invention et la proclamation de l'alphabet coréen par le roi Sejong le Grand en 1443. Cette journée est célébrée le 12 janvier en Corée du Nord.

**25 décembre : Noël**

Noël est un jour férié. Les bureaux et les écoles sont fermés, mais les magasins restent ouverts. Les chrétiens sud-coréens accordent plus d'importance aux traditions religieuses qu'aux cadeaux et aux décorations.

Lanternes allumées pour l'anniversaire de Bouddha, temple Jogyesa, Séoul, Corée du Sud.

# RELIGION ET SPIRITUALITÉ

## Le chamanisme

Considéré comme le plus ancien système de croyances en Corée, le *musok*, chamanisme sud-coréen, se serait développé à la préhistoire, importé de Sibérie avant de s'ancrer dans les terres de la péninsule. Pourtant, au fil des siècles, il s'est estompé. Avec l'arrivée du bouddhisme au début de notre ère et du néoconfucianisme avec Sejong le Grand et la dynastie Yi (Joseon), les pratiques chamaniques se sont faites de plus en plus rares ; elles ont même été interdites lors de l'occupation japonaise.

Pourtant, depuis les années 1980, les pratiques chamaniques ont retrouvé un public et leur organisation s'est institutionnalisée. Les chamanes (ce sont en majorité des femmes) sont connues sous le nom de *mudangs*. En Corée du Sud, le chamanisme est une sorte de croyance animiste, c'est-à-dire une croyance en un esprit, en une force vitale. Les chamanes s'adressent donc aux esprits, aux ancêtres et même à certaines forces de la nature. Trois esprits sont majoritairement considérés dans le chamanisme coréen : *Chilsong*, la Grande Ourse ou l'esprit des sept étoiles, *Sanshin*, l'esprit de la montagne (*san* = montagne, *shin* = esprit/dieu), et *Toksong*, l'ermite.

Les cérémonies sont méticuleusement préparées et suivent des règles bien précises dans la temporalité de l'événement. La majorité des Sud-Coréens vous diront qu'ils ne croient pas au chamanisme, pourtant, ils pratiquent quasiment tous des rituels du quotidien avec une *mudang* : choix du nom d'un bébé, naissance, nouvel emploi, mariage, etc. Il existe autant de raisons d'aller voir une chamane qu'il y a d'événements marquants dans une vie. Comment expliquer l'omniprésence du chamanisme alors que la plupart des Coréens nieront le pratiquer ? Plus qu'une religion, le chamanisme est une habitude qui fait partie intégrante de la culture sud-coréenne. Beaucoup de Coréens pratiquent le chamanisme alors qu'ils sont chrétiens, bouddhistes ou athées : c'est le syncrétisme religieux.

Rituels chamaniques coréens.

# Le bouddhisme

En 372, le bouddhisme est introduit en Corée, jusqu'alors dominée par le chamanisme. Il est longtemps considéré comme non adapté à la société coréenne, qui est pétrie de croyances sur les esprits et la nature. C'est là que l'on retrouve la particularité du bouddhisme coréen. Les enseignements de Bouddha sont certes respectés, mais de nouvelles dimensions sont ajoutées, notamment la prise en compte des trois esprits fondateurs : le *Chilsong*, le *Sanshin* et le *Toksong*. Des temples bouddhiques sont d'ailleurs érigés pour mêler les traditions de ces deux religions : c'est le fameux syncrétisme.

Religion d'État sous Goryeo puis fortement réprimé durant la période de Joseon, le bouddhisme réapparaîte de nouveau après la Seconde Guerre mondiale. Durant l'occupation japonaise, de nouveaux courants qui oppriment les fidèles du bouddhisme coréen sont importés. Les moines japonais prennent le contrôle des temples, alors qu'ils ont des pratiques interdites dans le bouddhisme coréen, telles que le mariage. Ce n'est qu'au moment de la libération que les moines de l'ordre *Jogye* – ordre du bouddhisme coréen traditionnel – peuvent reprendre le contrôle.

En 2018, selon des chiffres calculés à partir des indicateurs démographiques du Fonds des Nations unies pour la population, les bouddhistes représentent un peu plus d'un tiers de la population sud-coréenne.

### Le festival des lanternes de lotus

Tous les ans, au printemps, le *Yeon Deung Hoe*, le festival des lanternes de lotus, est organisé à Séoul afin de fêter l'anniversaire de Bouddha. À l'origine fête religieuse, c'est aujourd'hui un événement culturel populaire qui célèbre l'illumination d'un monde qui se voudrait juste et équitable. À cette occasion, on peut notamment assister à de magnifiques parades et admirer des rues éclairées de mille feux.

Décoration de lanternes colorées au temple Jogyesa lors du *Yeon Deung Hoe* à Séoul, en Corée du Sud, le 11 mai 2018.

Décoration de lanternes colorées au ruisseau Cheonggyecheon pendant le *Yeon Deung Hoe*, à Séoul, en Corée du Sud, le 11 mai 2018.

# Le confucianisme et le néoconfucianisme

Il ne faut pas s'y tromper, le confucianisme n'est pas une religion, mais une école de pensée philosophique, morale et politique. C'est le philosophe Kongfuzi (551-479 av. J.-C.), plus connu en Occident sous le nom de Confucius, qui développe cette pensée. Elle se diffuse ensuite pendant près de deux millénaires, d'abord en Chine, puis au Vietnam, en Corée et au Japon, même si elle subit quelques adaptations en fonction des coutumes régionales.

Pour les Coréens suivant les principes néoconfucéens – le néoconfucianisme étant l'évolution de cette doctrine –, la collectivité prime sur tout le reste et, pour qu'elle fonctionne de manière harmonieuse, l'individu doit d'abord développer sa propre personnalité au sein du cercle social primaire : sa famille. Dans cette logique, les enfants doivent être obéissants vis-à-vis de leurs aînés. Cette vertu confucéenne s'appelle la piété filiale. Ce respect envers les aînés montre qu'il y a bien une hiérarchisation des individus au sein de la famille. Cette stratification se répercute dans la société, notamment avec la présence des femmes et des moines en bas de l'échelle sociale. Cette philosophie est appliquée dans toutes les sphères de la société, de l'éducation à l'administration. Les maîtres-mots sont toujours : discipline, humilité, respect des anciens et éducation. La collectivité et le groupe passent avant l'individu et l'éducation est primordiale. En chinois, l'école est même nommée « enseignement des lettrés ». En prenant également en compte le *han* – un sentiment difficile à traduire en français, qui représente le besoin de vengeance vis-à-vis d'une histoire marquée par les occupations étrangères – on comprend mieux cette volonté de réussite dont les Coréens font preuve dans leur vie quotidienne et dans leur façon d'appréhender les rapports sociaux.

École confucianiste de Hyanggyo à Daegu, Corée du Sud.

Le sanctuaire de Jongmyo est un sanctuaire confucéen consacré aux membres de la famille royale de la dynastie Joseon. Selon l'Unesco, c'est le plus vieux sanctuaire royal confucéen et des cérémonies y sont toujours célébrées.

# Le christianisme et l'évangélisme

Le christianisme est fortement ancré dans la société sud-coréenne puisque les fidèles de cette religion représentaient en 2010 plus de 30 % de la population. C'est plus que la religion bouddhiste, qui est pourtant présente dans la péninsule depuis près de deux millénaires.

L'histoire des chrétiens de Corée sort totalement du schéma ordinaire d'expansion de l'Église en dehors de l'Occident. En effet, ce sont des Coréens qui sont allés en Chine et qui en ont ramené des ouvrages bibliques apportés par des jésuites, pour diffuser ensuite la foi chrétienne dans le royaume de Joseon, à la fin du XVIIIe siècle.

C'est ensuite au début du XIXe siècle que revient de Chine, baptisé, un émissaire diplomatique coréen. Commence alors l'évangélisation de la Corée.

Aujourd'hui, différentes communautés chrétiennes sont implantées en Corée, comme les catholiques, les presbytériens ou les évangélistes ; et le sud de la péninsule est la seconde source de missionnaires chrétiens au monde, derrière les États-Unis.

Les protestants, eux, sont surreprésentés dans le monde politique, mais ils sont également implantés dans de nombreux domaines de la société comme l'école, la télévision et les hôpitaux.

La cathédrale Jeondong est une importante église catholique située à Jeonju, en Corée du Sud.

**Zoom sur les sectes**

Les sectes sont présentes partout dans le monde, mais leur forte médiatisation en Corée du Sud peut être surprenante. Très souvent au cœur des controverses et des scandales, ces sectes comptent de plus en plus d'adeptes. Loin de se montrer discrètes, certaines d'entre elles influencent même des dirigeants publiquement opposés au gouvernement. Selon des chiffres de 2018, deux millions de Coréens appartiendraient à des sectes.

# LE *HAN*
# STYLE

# QUE SIGNIFIE LE TERME *HAN* ?

Le concept de *han* fait référence à un sentiment, une émotion propre au peuple sud-coréen, découlant de son histoire, de ses traumatismes, de ses échecs et de ses réussites. En effet, que ce soit par les Japonais, les Chinois ou encore par les Nord-Coréens, la Corée du Sud s'est trouvée, tout au long de son histoire, occupée par des forces extérieures, alors qu'elle-même n'a jamais envahi aucun territoire. Encore aujourd'hui, alors qu'elle est considérée comme un État indépendant, beaucoup de militaires américains sont présents sur son sol.

Nous ne pouvons réellement donner de traduction exacte – française ou anglaise – du *han*.

Ce sentiment fait référence à une blessure personnelle, puisque les Coréens ont été touchés de manière individuelle par ces différents épisodes traumatiques, mais aussi à un mal collectif. C'est un sentiment de colère, un besoin de vengeance, une tristesse mélangée à de la rancœur. C'est l'addition des émotions que l'on ressent lorsque l'on a l'impression que le destin s'acharne sur nous, que nous sommes victimes d'une injustice. Encore aujourd'hui, les jeunes générations de Corée du Sud ressentent ce *han* dans la division de leur nation en deux États diamétralement opposés.

Le *han* est propre à la nation coréenne. C'est un sentiment national partagé de tous et qui se lie avec l'espoir d'un monde meilleur. L'ouvrage d'Euny Hong, *The Birth of Korean Cool: How One Nation Is Conquering the World Through Pop Culture*, aux éditions Picador, explique comment les Sud-Coréens ont utilisé le han pour développer leur économie. S'il a été le catalyseur des efforts personnels et collectifs au service de la nation, il ne faut pas le confondre avec le *han* que l'on retrouve dans les noms d'éléments caractéristiques de la culture coréenne – *hanok*, *hangeul*, *hansik*, *hanbok* – qui, lui, fait référence à la Corée. Leur orthographe coréenne est la même, mais leurs sinogrammes diffèrent.

Jeunes femmes portant des *hanbok* à Séoul, Corée du Sud.

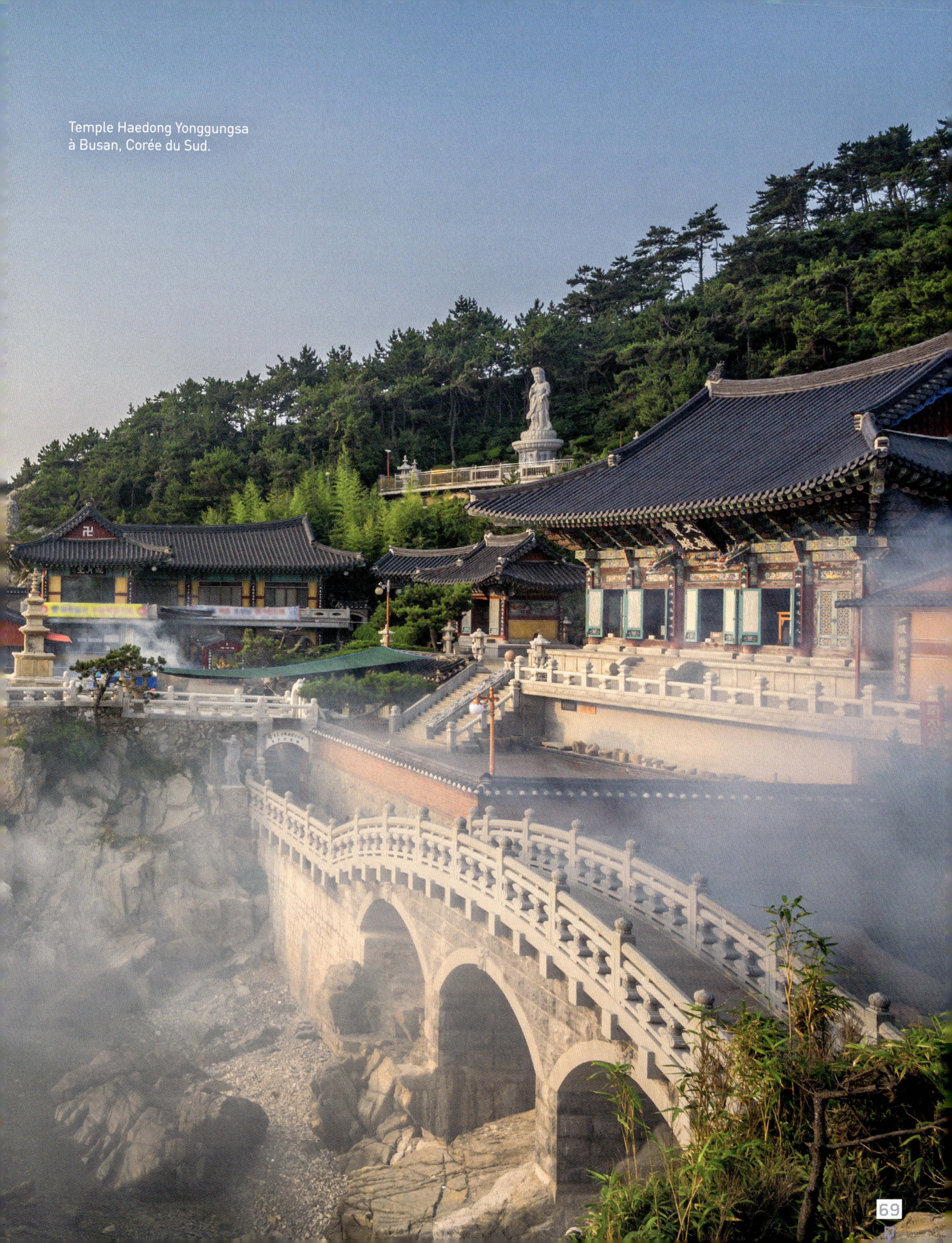

Temple Haedong Yonggungsa
à Busan, Corée du Sud.

# LE *HANGEUL*, LA LANGUE CORÉENNE

## Le coréen, une écriture scientifique et spirituelle

Statue en bronze du roi Sejong à Séoul, Corée du Sud.

Le XV^e siècle a été pour la Corée celui de la renaissance, un âge d'or considéré par les Coréens comme le moment de paix et de prospérité de l'histoire nationale. À la tête du royaume, le roi Sejong le Grand - néoconfucéen, scientifique, curieux et dont le règne fut stable - est considéré comme le père de la nation coréenne. Il s'entoure de conseillers recrutés pour leurs connaissances et leurs compétences et non pas pour leur statut social, comme cela était de coutume auparavant. C'est grâce à ses capacités et à celles de son entourage que Sejong crée l'alphabet que nous connaissons aujourd'hui, le *hangeul*. Ce nouveau système d'écriture est promulgué le 9 octobre 1446.

Sejong le Grand fera également progresser la musique et les arts. Sous son règne, de nombreuses avancées techniques voient le jour : la clepsydre, le cadran solaire et le globe céleste, entre autres.

En outre, il fait afficher les lois dans l'espace public afin que tous en soient informés.

Aujourd'hui, une statue de bronze à son effigie s'élève sur la place Gwanghwamun, au milieu du boulevard Sejong-ro à Séoul. Le monarque figure sur les billets de dix mille wons, et la capitale administrative de la Corée ainsi qu'une université portent son nom.

Une recontextualisation s'impose. Dans le système confucéen, la femme avait une position très basse dans la hiérarchie sociale. Elle n'avait donc pas accès aux mêmes enseignements que l'homme. Le peuple, lui aussi, était marginalisé. À cette époque, les Coréens écrivaient avec les *hanja*, des caractères chinois, dont le nombre et la complexité les rendaient difficilement accessibles aux personnes n'ayant pas reçu les formations des érudits du palais. Mais pour Sejong, ce problème n'était pas central. Le véritable enjeu était l'efficacité de son administration. Les notables locaux – certes éduqués mais souvent loin de la maîtrise parfaite des *hanja* – rencontraient de nombreuses difficultés de communication avec les institutions royales. L'objectif de Sejong n'était pas de supprimer les *hanja*, mais de créer une écriture qui simplifierait les démarches administratives.

Ainsi, il mit de côté le système idéogrammatique chinois au profit d'un système alphabétique simple. Composé de quarante lettres, le *hangeul* est aussi scientifique que symbolique. Les consonnes, au nombre de seize, représentent la forme des lèvres lors de leur prononciation alors que les douze voyelles, elles, mettent en valeur trois figures : le ciel, représenté par un point, la terre, par un trait horizontal, et l'homme, par le trait vertical. C'est une écriture simple et très facile d'accès, à tel point qu'elle s'est diffusée dans toutes les catégories de la population : les femmes, les artisans, les agriculteurs, etc.

Cependant, alors qu'une fête nationale est aujourd'hui inscrite dans le calendrier pour sa célébration, l'histoire du *hangeul* n'est pas linéaire. Il fut notamment interdit en 1504 par un des successeurs de Sejong le Grand, Yeonsan-gun, qui s'était fait insulter sur des tracts rédigés dans cet alphabet. Le *hangeul* continua cependant d'exister dans les productions du peuple et des femmes, avant sa réhabilitation en 1894.

Le hangeul, l'alphabet coréen.

# LES *HANOK*, DES HABITATIONS TRADITIONNELLES

## Les *hanok*, pionniers de l'architecture écologique

Les *hanok* sont les habitations traditionnelles coréennes. Ce terme signifie littéralement « maison coréenne » et fait directement référence aux logements de la bourgeoisie et de l'aristocratie coréenne à l'époque de Joseon, de 1392 à 1910.

Les bâtiments traditionnels coréens sont reconnaissables à leur élégance et leur fonctionnalité. Leur architecture est typique des constructions asiatiques à influences confucéennes. En effet, les *hanok* sont construits en bois, et sont le plus souvent carrés, même s'ils peuvent être fusionnés pour former une seule et grande maison en forme de carré ou de L. Leur forme dépend de la région dans laquelle ils ont été bâtis, la forme carrée gardant mieux la chaleur que celle en L.

Les hanok sont des constructions qui reposent généralement sur des fondations en pierres, avec une ossature et des piliers en bois, ainsi que des murs en terre et paille.

Chez les aristocrates, les toits étaient faits de tuiles, dont la couleur pouvait différer selon la terre utilisée. Les classes inférieures avaient plutôt des toits de paille. Les fenêtres, quant à elles, étaient faites de papier, le *hanji*.

L'organisation des pièces reflète la hiérarchie qui existe dans les relations sociales, à l'extérieur comme au sein du foyer. Les hommes et les femmes, par exemple, sont séparés. Le *hanok* est aussi construit de manière à favoriser l'harmonie. Ce principe est appelé le *baesanimsu* : l'habitation est construite dos à la montagne et face à la rivière. La maison coréenne est également une prouesse technologique, avec un système de chauffage, l'*ondol*, tout à fait ingénieux et en avance sur son temps, à l'époque de Joseon. Pour les étés chauds et humides, un porche, le *daecheong*, permet à l'air de circuler et aux habitants de profiter des coups de vent.

# La décoration minimaliste des *hanok*

La décoration traditionnelle des *hanok* est une source d'inspiration pour nombre de designers de l'époque contemporaine. En effet, élégante et épurée, elle est constitutive de leur renommée.

Les mur des maisons traditionnelles sud-coréennes sont le plus souvent clairs, de couleurs neutres comme le beige, le blanc cassé ou le brun clair, ce qui permet d'éclaircir les pièces et d'agrandir les espaces.

En ce qui concerne le mobilier, les meubles en bois clairs sont préférés. Ils ont également la particularité d'être très bas. Les assises sont confortables mais elles sont généralement à même le sol. Les habitants mangent alors assis au sol en tailleur, sur des tables qui sont elles aussi très basses. Ces meubles sont souvent de très bonne qualité, construits en bois nobles, mais très peu nombreux dans la maison : c'est une décoration minimaliste et élégante qui favorise l'espace et la circulation de l'air.

**Pourquoi les Coréens, et plus généralement les Asiatiques, ont-ils l'habitude de s'asseoir à même le sol pour manger ou travailler ?**

Alors qu'en Occident, nous mangeons et travaillons sur une chaise, il s'avère que cela peut être mauvais pour la santé. Ou en tout cas, pour notre estomac ! En effet, manger les jambes en tailleur est bon pour la circulation sanguine des organes du ventre. Plus l'afflux sanguin est important et plus le processus de digestion extraira des aliments les bons nutriments tels que les vitamines. On retrouve la position en tailleur dans le yoga, elle améliore également la flexibilité, la posture, et maintient les articulations des jambes et du dos en bonne santé !

**À ne pas manquer : le village Hanok de Bukchon**

Le village Hanok de Bukchon est un quartier incontournable pour les amoureux de la Corée, d'histoire, d'architecture… ou des trois ! Situé rive droite au nord de Séoul – *bukchon* signifie village au nord –, ce quartier historique, lieu de vie des aristocrates durant l'ère Joseon, a été reconstruit et est aujourd'hui encore habité. C'est un musée à ciel ouvert, mais il est important de respecter certaines règles de savoir-vivre à l'égard des riverains, qui subissent les dommages collatéraux du développement du tourisme de masse.

Se balader dans le village Hanok de Bukchon, c'est faire un voyage dans le temps, un saut de 600 ans dans le passé. N'ayez pas peur de vous perdre dans les petites ruelles vides, admirez les toits et les palissades des maisons qui s'y trouvent. Prenez un café dans un salon de thé à la décoration typique ou allez manger un plat traditionnel coréen dans un petit restaurant niché au fond d'une cour.

Le village Hanok de Bukchon n'est pas le seul village traditionnel que vous pouvez visiter en Corée du Sud, ni même à Séoul ! Une reconstruction historique se trouve dans le parc Namsan : le Namsangol Hanok Village. L'accès y est gratuit, et même si beaucoup trouvent qu'il manque de cachet, il a le mérite de reproduire le plus fidèlement possible des monuments historiques sans forcer les habitants à composer avec une foule de touristes tous les jours.

Vous pouvez aussi vous rendre dans l'arrondissement d'Eunpyeong-ga, où est situé, au milieu de nulle part, un village *hanok* dont certains cafés traditionnels offrent une superbe vue sur la montagne Bukhansan. Vous y découvrirez également, à une dizaine de minutes à pied, un formidable temple bouddhiste excentré.

Chambres traditionnelles d'une maison à Heo Gyun et Heo Nanseolheon Memorial Park. Gangneung-si, Gangwon-do, Corée du Sud.

Village Hanok de Bukchon, Séoul, Corée du Sud.

# Les palais, symboles de l'histoire de la Corée du Sud

Dans certaines villes de Corée du Sud, des palais témoignent de l'époque dynastique du pays. À Séoul, notamment, se trouvent quatre grands palais : le palais royal Gyeongbokgung, le palais Changdeokgung, le palais Changgyeonggung et le palais Deoksugung.

Lieux de vie des familles royales, ces palais s'étendent encore aujourd'hui sur d'immenses terrains, en plein cœur du Séoul contemporain. Le palais royal Gyeongbokgung est construit comme un *hanok*, c'est-à-dire dos à la montagne et face au Hangang. Cependant, il est entouré d'immeubles édifiés ces dernières décennies. L'entrée au palais royal Gyeongbokgung coûte 2 000 wons, soit environ 1,50 euro. Cependant, elle est gratuite si vous venez vêtu de l'habit traditionnel ! Le dimanche matin à onze heures, la relève de la garde face aux visiteurs vêtus de *hanbok* donne au paysage une dimension toute particulière, comme un retour dans le passé.

Palais Changgyeonggung à Séoul, Corée du Sud.

Palais Changdeokgung à Séoul, Corée du Sud.

Ces palais sont d'ailleurs organisés d'une manière bien spécifique. Ils sont notamment divisés en deux : d'un côté les *naejeon*, les appartements personnels de la famille royale, et de l'autre les *weojeon*, les bâtiments servant aux affaires publiques.

Il y a de nombreuses similitudes entre les palais coréens, que cela soit dans l'organisation des espaces, l'architecture ou les couleurs. Par exemple, dans chaque palais se trouvent des pierres qui pourraient faire penser à des pierres tombales. Il n'en est rien ! Ces pierres, les *pumgyeseok*, sont en réalité la représentation des grades sociaux sous la dynastie Joseon, et servaient d'indication de placement lors d'événements au palais. En effet, les sujets étaient divisés hiérarchiquement, selon les principes confucéens et sociétaux de l'époque, et devaient se placer près de leur pierre correspondante lorsqu'ils rendaient visite au roi.

Ces palais sont également colorés selon des codes bien précis, répondant aux critères du *dancheong*.

*Pumgyeseok* dans la cour du palais royal Gyeongbokgung. Durant une audience avec le roi, les nobles s'alignaient selon les rangs indiqués sur les piliers.

# Couleurs traditionnelles et peinture : le *dancheong*

Au cœur du bouddhisme en Corée, les temples de montagne affichent la plus haute forme de tradition de l'architecture et des arts coréens. En 2021, sept temples sont inscrits au patrimoine mondial de l'Unesco : leur valeur est ainsi reconnue non seulement en Corée, mais aussi dans le monde entier. Malgré leurs couleurs vives, ces temples se fondent harmonieusement dans leur environnement. Cette harmonie entre le temple et la nature qui l'entoure est l'essence même du *dancheong*.

Le terme *dancheong* fait référence à la coloration traditionnelle des bâtiments et des éléments en bois, dans un style que l'on peut voir sur les anciennes peintures murales du royaume de Goguryeo. Ainsi, l'origine du *dancheong* remonte à la période des Trois Royaumes. Pendant des siècles, cet art a été utilisé dans l'architecture, la peinture, la sculpture et l'artisanat. Sa fonction était de couvrir les défauts de conception et de prévenir les fissures dans les bâtiments en bois, en plus de repousser les parasites et de protéger de la pluie et du vent. Les lieux sacrés comme les temples ou les palais sont ornés d'une grande variété de motifs *dancheong* accentués par des couleurs éclatantes.

Contrairement à la Chine, qui utilisait le rouge, et au Japon, où étaient privilégiés le gris et le noir, la Corée utilisait le bleu, le rouge, le jaune, le blanc et le noir, les cinq couleurs cardinales qui représentent respectivement le bois, le feu, la terre, le métal et l'eau, basées sur le yin et le yang et la théorie des cinq éléments.

Les motifs récurrents incluent le lotus, symbole du bouddhisme, la grenade, pour la richesse et l'honneur, la pivoine, pour la fertilité, et le chrysanthème, pour la longévité. Tous ces motifs représentent des souhaits de bien-être dans cette vie et dans la suivante.

De plus, des piliers rouge foncé, des feuilles vertes, des rayures blanches et noires, et des formes géométriques rouges et bleues répétitives combinent et contrastent les principes de la nature et de l'art.

Conformément à son environnement, chaque bâtiment a son propre style de *dancheong* selon la région, l'époque de la construction et sa fonction. Seule la méthode de production reste constante.

Jogyesa est un temple situé dans l'arrondissement de Jongno-gu.

*Dancheong* coréen dans le temple.

# HANSIK, LA CUISINE CORÉENNE

## Le repas coréen : organisation et traditions

En Corée, les habitudes alimentaires sont très différentes de celles en France. Même si de plus en plus de Coréens mangent sucré au petit déjeuner – comme des céréales –, une grande majorité voit ce repas de la même manière qu'un déjeuner ou un dîner. Ainsi, ne soyez pas étonné si vous voyez des Coréens manger au petit déjeuner ce que vous auriez prévu de manger à midi !

Le repas coréen s'organise autour de différents mets, cela vient notamment des mœurs confucianistes du pays et de son habitude à prendre en compte la collectivité avant l'individu. Le plus souvent, il y a un plat principal, présenté au centre, entouré de quatre ou cinq *banchan*, des petits plats d'accompagnement indispensables. Chaque personne a son propre bol de riz et souvent son bol de soupe, mais pour le reste, on se sert dans les plats disposés sur la table. Les plats sont très épicés et cuisinés à base de piment ou de *gochujang* – une pâte de piment –, d'ail ou de sésame. Les Coréens mangent énormément de plats à base de légumes et de tofu, la viande et les fruits restant des produits très chers en Corée.

Les Coréens ne se contentent pas de boire de l'eau pour accompagner leurs repas, ils sont très friands de boissons alcoolisées. D'ailleurs, certains plats sont spécialement conçus pour se remettre d'une soirée trop arrosée.

**NE PLANTEZ JAMAIS VOS BAGUETTES À LA VERTICALE DANS VOTRE BOL DE RIZ !** C'est un signe de mort qui peut réellement offenser les personnes qui vous servent ou avec qui vous partagez le repas.

Plat coréen accompagné de *banchan*.

# La gastronomie coréenne

Même si la cuisine coréenne a des influences chinoises et japonaises, elle a su développer tout au long de son histoire son caractère unique et la qualité de ses plats.

## LES *BANCHAN*

Les accompagnements font partie de l'identité de la cuisine coréenne. On y retrouve notamment :

- les *jeon*, des petites galettes de légumes ou de viande faites à base de pâte à crêpe ;
- les omelettes classiques aux légumes ;
- les racines de fleur de lotus ;
- les radis jaunes et blancs ;
- les légumes cuits à la vapeur ;
- l'ail cru ;
- le *kimchi*.

Véritable institution culinaire, le *kimchi* est aux Coréens ce que le pain est aux Français : indispensable ! Le *kimchi* est un plat cuisiné à base de légumes, le plus souvent du chou fermenté dans du piment. Aujourd'hui, les familles ont pour tradition de se retrouver une fois par an pour faire leur réserve de *kimchi* annuelle : c'est un travail chronophage et fastidieux, mais qui en vaut le coup. Il est bien sûr également possible d'en acheter dans le commerce.

## LES PLATS TRADITIONNELS

La diversité des plats est telle qu'il est difficile de n'en choisir que quelques-uns. Voici ceux que vous devez absolument tester et qui sont plutôt simples à trouver ou à reproduire :

- Le *bibimbap* (*bibimhada* = mélanger, *bap* = riz cuit) : le bibimbap est un plat très populaire en Corée du Sud puisqu'il est savoureux et facile à réaliser. Sur une base de riz blanc, ajoutez des légumes, du bœuf ou du porc, un jaune d'œuf et de la sauce *gochujang* ou de la sauce soja pour les moins tolérants au piment.
- Le *japchae* est un plat de nouilles de patates douces, accompagnées elles aussi de légumes et de viande. Un véritable délice qui se mange froid ou chaud pendant les occasions particulières telles que les fêtes traditionnelles.
- Le fameux barbecue coréen : accompagné de banchan et de riz, comme toujours, vous pouvez déguster du *bulgogi* (bœuf mariné à l'huile de soja et aux épices) ou encore du samgyeopsal (tranches de poitrine de porc), le tout dans une feuille de salade. Un régal !

*Kimchi.*

*Bibimbap.*

Bibimbap.

Bingsu.

Barbecue coréen.

Japchae.

Barbecue coréen.

# La Bibimerie, un restaurant franco-coréen au cœur de Paris

La Bibimerie propose une cuisine coréenne revisitée avec une touche française.

Le *bibimbap* est un plat symbolique de la Corée. La Bibimerie en a fait sa spécialité. Composé de riz recouvert de légumes de saison colorés, de protéines animales ou végétales, de *gomasio* et d'une sauce, l'ensemble se mélange et se mange tiède.

Les Coréens sont friands de plats très épicés, mais on peut choisir entre une version pimentée ou plus douce. Les *bibimbap* sont personnalisables au gré des envies : viande, poisson, crustacés ou végétarien.

J'ai opté pour une version au poulet, accompagnée des légumes de saison. 1,2,3 on mélange bien afin d'avoir toutes les saveurs dans chaque bouchée !

Le restaurant organise aussi de nombreuses activités pour nous plonger dans les rues de Corée : toilettes néons pour une découverte de Séoul la nuit, jeux vidéo, karaoké… et nous faire voyager !

Adresse : 1, rue Lucien-Sampaix, 75010 Paris
Instagram : @labibimerie

## LES DESSERTS

La cuisine coréenne n'est pas célèbre pour ses desserts et ses produits sucrés en général. Pourtant, les desserts coréens sont gourmands, notamment car les ingrédients utilisés diffèrent beaucoup de la farine de blé, du lait ou encore du sucre de canne, couramment utilisés dans les gâteaux occidentaux.

- Le *tteok*, par exemple, est un gâteau de riz qui se mange aussi bien sucré – fourré à la pâte de haricots rouges – que salé dans les *tteokbokki* – *tteok* mélangé à de la sauce au *gochujang*, un plat bien épicé !
- Le *bingsu* est un dessert très rafraîchissant, combinant de la glace pilée et de la pâte de haricot rouge, auxquelles on peut ajouter un nombre incalculable d'ingrédients comme de la crème glacée, du lait concentré sucré, des friandises, etc.

## LES BOISSONS

Quiconque a déjà vu un drama coréen sait que ce peuple est friand de boissons alcoolisées. Parmi ses alcools de prédilection, on retrouve notamment :

- le *soju*, alcool national produit à l'origine avec l'amidon du riz. Il se rapproche un peu de la vodka, mais reste tout de même plus doux et moins fort que l'alcool russe ;
- le *makgeolli*, une boisson elle aussi à base de riz fermenté ;
- la *baekseju*, la bière coréenne. La bière est la base de nombreux mélanges, notamment le *somaek*, qui la combine au *soju*.

Voici des boissons non alcoolisées très populaires en Corée :

- les fameuses briques de lait aromatisé à la banane ou à la fraise sont très appréciées, notamment par les écoliers ;
- le *sujeonggwa*, connu en français sous le nom de « punch de kaki », est souvent aromatisé à la cannelle et se boit très frais.

# +82, un salon de thé minimaliste

Le nom du café « + 82 » correspond à l'indicatif téléphonique de la Corée du Sud. Ce salon de thé typique au style minimaliste propre à la Corée vous plongera dans une ambiance paisible.

Le *bingsu* est un dessert coréen se composant de glace finement pilée qui normalement se mange avec du haricot rouge bouilli appelé *patbingsu*. Au café +82, les *bingsu* varient en fonction des saisons. En période estivale, on peut y déguster des *bingsu* à la fraise, à la mangue ou à la pastèque, et en période hivernale, aux spéculoos, biscuits Oreo, au *matcha*... le tout recouvert de lait concentré et d'une boule de glace !

Ce goûter est accompagné d'un thé *omija*, une boisson estivale populaire en Corée, ou d'un *matcha latte*. *Omija* signifie littéralement « baies aux cinq saveurs » en coréen, parce que ces baies donnent cinq saveurs différentes : l'acidité, la douceur, l'amertume, le piquant et le salé.

Adresse : 11 bis, rue Vauquelin, 75005 Paris
Instagram @plus82paris

# Les bienfaits de la gastronomie coréenne sur la santé

La cuisine coréenne est reconnue et appréciée de tous, notamment pour ses bienfaits sur la santé, qui ne sont plus à prouver. Elle a d'ailleurs été définie en 2004 comme « cuisine exemplaire nutritionnellement équilibrée » par l'OMS. Il a en effet été prouvé qu'elle était particulièrement efficace dans la prévention de l'obésité et de maladies comme l'hypertension ou le cancer.

Elle est équilibrée, car les nutriments nécessaires au bon fonctionnement du corps sont présents dans chaque repas : l'accompagnement de base est le riz cuit à la vapeur (avec une soupe ou un bouillon), les *banchan* sont souvent des légumes, et le plat principal est largement composé de légumes en plus de la viande ou du tofu. On y retrouve des aliments riches en nutriments et peu de mauvaises matières grasses. Il y a également un très bon équilibre dans la consommation d'aliments issus de produits d'origine végétale et animale. Les Coréens mangent d'ailleurs beaucoup moins de viande qu'en Europe, et favorisent les fruits de mer, le poisson et les sources de protéines végétales.

Par ailleurs, le *kimchi* est très bon pour la digestion. Il est même considéré comme un des plats les plus sains du monde. Dans la lignée du *kimchi*, ce sont en fait tous les produits fermentés, très nombreux, qui sont de véritables bénédictions pour l'organisme puisqu'ils ont des propriétés anticancérigènes et antioxydantes. C'est également le cas de l'ail.

Beaucoup d'aliments sont fermentés durant plusieurs mois, voire des années. Les *hangari* sont des jarres en terre cuite permettant le processus de fermentation qui révèle tous les bienfaits des produits. On voit d'ailleurs pour cela se développer dans le domaine de la cosmétique l'usage de la fermentation. C'est un procédé ancestral de conservation qui préserve les propriétés des plantes sans les altérer et permet aux produits d'être absorbés beaucoup plus facilement par la peau.

Plus généralement, pour prévenir les risques d'obésité ou de maladies cardiovasculaires, il est conseillé de manger en respectant un ratio de huit produits d'origine végétale pour deux produits d'origine animale. C'est très souvent dans ces proportions que les plats coréens sont cuisinés et consommés.

Comme nous avons pu le voir précédemment, les Coréens ont une espérance de vie supérieure à celle des Français. Les vertus de leur gastronomie ainsi que des ingrédients traditionnellement consommés n'y sont certainement pas étrangers.

*Hangari*, pots traditionnels coréens de fermentation.

# LE FLEUVE HAN

La ville de Séoul est traversée par un fleuve, le Han – ou le Hangang (*gang* = fleuve). Il marque par ailleurs la frontière entre la Corée du Nord et la Corée du Sud au niveau de son estuaire. Il traverse trois provinces et s'étend sur plus de 500 kilomètres. Il est formé par la réunion de deux rivières : le Namhangang au sud et le Bukhangang au nord. Si vous vous promenez sur les quais à Séoul, vous remarquerez que le Han est aussi très large, la distance entre deux rives pouvant atteindre parfois plus d'un kilomètre. Pourtant, il est traversé par une vingtaine de ponts qui réunissent la rive gauche et la rive droite de la ville.

Parmi ces ponts, nous devons absolument mentionner le pont Banpo, qui n'est rien de moins qu'un pont-fontaine. Plus long pont-fontaine du monde, il est inscrit au *Guinness World Records*. Lorsque la nuit tombe sur Séoul, la fontaine s'illumine aux couleurs de l'arc-en-ciel au rythme de musiques enivrantes.

Le fleuve Han est un symbole fort non seulement de la nation sud-coréenne, mais également de la réussite économique du pays : cette dernière est d'ailleurs régulièrement surnommée par la communauté internationale « le miracle du fleuve Han ».

**Les Séouliens ont pour habitude de se promener au bord du fleuve.** Des jardins aménagés leur permettent de se reposer, de pique-niquer mais également de planter leur tente pour la journée ou la nuit. Petite astuce : il est très facile de se faire livrer sa nourriture préférée grâce à la géolocalisation !

Banpo Bridge ou la fontaine arc-en-ciel au clair de lune est la plus longue fontaine de pont au monde. Un spectacle féerique à ne pas manquer à la tombée de la nuit.

# LES ARTS TRADITIONNELS

## La calligraphie

Le *seoye*, ou la calligraphie coréenne, est l'art de composer des points et des traits afin d'en révéler la beauté. L'harmonie visuelle entre le vide et le plein qui résulte des gestes concentrés et équilibrés d'un individu exprime sa pensée et son intériorité.

Venue de Chine au IIe siècle, la calligraphie en *hanja* se mêle aux coutumes coréennes et devient une partie intégrante de la culture de la péninsule. Ce qui est d'abord un moyen de communication se transforme en un art à part entière au VIIe siècle. Lorsque le *hangeul*, l'alphabet coréen, est créé au XVe siècle, le *seoye* rejoint la courtoisie, la musique, le tir à l'arc, l'art de gouverner et le calcul au rang des arts réservés aux nobles. Le *seoye* s'adapte tout de même au nouvel alphabet, notamment grâce au sentiment nationaliste qui croît sous l'occupation japonaise.

Depuis son apparition, le *seoye* a évolué afin de suivre son époque. On compte aujourd'hui cinq styles de calligraphie en *hanja*, à savoir l'écriture sigillaire – les inscriptions sur bronze encore utilisées pour les sceaux –, l'écriture cursive, le style régulier, le style semi-cursif et l'écriture des clercs. En ce qui concerne la calligraphie en *hangeul*, nous retrouvons le style *panbonche*, caractérisé par ses angles droits, le style *honseoche*, aux formes plus naturelles, et le style *gungche*, qui est une écriture cursive.

L'art de la calligraphie requiert un sérieux entraînement ainsi qu'une importante maîtrise de soi. Le pinceau doit être perpendiculaire au papier coréen, le *hanji*, tandis que le poignet doit rester immobile et laisser le bras ainsi que l'épaule guider les mouvements.

Kim Chun-won, président de l'école confucéenne de Jeonju, en Corée du Sud, fait de la calligraphie.

# Shin Saim-dang

## artiste-calligraphe

**Shin Saim-dang (1504-1551) est artiste, poète et mère de l'un des deux grands érudits du confucianisme de l'histoire coréenne, Yi I. Elle est aussi connue comme l'incarnation de l'expression « bonne épouse, sage mère », un modèle des idéaux confucéens.**

L'art de Shin Saim-dang est connu pour sa beauté délicate : les insectes, les fleurs, les papillons, les orchidées, les poissons et les paysages sont quelques-uns de ses sujets de prédilection. Alors qu'une grande partie de sa calligraphie est malheureusement aujourd'hui introuvable, son style est très apprécié à son époque, notamment par de hauts fonctionnaires et des experts, qui ont écrit des éloges de son travail.

Shin Saim-dang est la première femme à figurer sur un billet de banque coréen : vous la retrouvez sur les billets de 50 000 wons.

Statue de Shin Saim-dang, mère de Yulgok Yi I, érigée sur le terrain d'Ojukheon, Gangneung, Gangwon-do, Corée du Sud.

# Le *sijo*, petit poème de trois vers

Le *sijo* est une forme poétique coréenne inspirée d'anciens chants coréens et dont l'apparition se situerait autour du XIIe siècle. Son nom signifie littéralement « air du temps », et remplace l'appellation *tan'ga*, « poème court », qu'on lui attribuait auparavant. C'est un tercet ponctué d'une césure à chaque hémistiche (milieu du vers) et d'une emphase sur le dernier vers, qui forme la chute, la conclusion.

Ces poèmes sont d'abord nés oralement et n'ont été mis par écrit que plus tard, puisque leur naissance remonte bien avant l'institution de l'alphabet coréen. La plus ancienne trace de leur forme écrite remonte à 1565. Chu Se-bong en fait un art didactique en insufflant dans ses *sijo* des leçons morales, mais c'est au XVIIIe siècle que le genre prend un nouveau souffle. Différentes écoles apparaissent et on l'utilise pour parler de politique, d'amour – en évoquant les *gisaeng* –, ou comme scénette descriptive.

Le *sijo* est un poème lyrique, c'est-à-dire qu'il permet au poète d'exprimer ses sentiments, de les décrire. Cela signifie également que la nature constitue une part importante de la matière du *sijo*. Beauté des paysages et murmures du cœur s'allient souvent au fil des vers.

C'est également un poème spontané, comme le *haïku* japonais. Un instant se révèle aux yeux du poète, éclairant son esprit d'une inspiration soudaine, avant d'affleurer, quelques secondes après, à ses lèvres. Il naît d'un sentiment unique et éphémère que le poète fixe avant qu'il ne lui échappe.

Le *sijo*, en tant que poésie orale, est un art qui se partage. Il se déclame et se transforme, lorsqu'il est à nouveau déclamé par des amis ou lorsqu'il inspire de nouveaux vers. Se tissent alors des liens sociaux grâce au poème, qu'on entend murmuré par les vieillards et chanté par les enfants.

Les maîtres Choi In-ryul et Han Soo-eon récitent un *sijo* à Jeonju, en Corée du Sud.

Le maître coréen du *sijo* Han Soo-eon récite un *sijo* à Jeonju Hyanggyo, à Jeonju, en Corée du Sud.

# Hwang Jin-Yi

**La plus célèbre des *kisaeng* est sans aucun doute Hwang Jin-Yi, courtisane de l'époque Joseon.**

Fille illégitime d'un noble qui lui transmet son titre, Hwang Jin-Yi reçoit une bonne éducation, de laquelle naît son intérêt pour les arts. À cette époque, en tant que femme, elle ne peut se marier selon ses désirs, aussi décide-t-elle de devenir *kisaeng*. Elle apprend alors la danse, la musique – notamment le *gayageum*, de la famille des cithares – et le *sijo*, poème traditionnel coréen de trois vers de quatorze à seize syllabes chacun.

Hwang Jin-Yi se fait rapidement remarquer grâce à son charme, sa beauté, son éloquence et son intelligence. Des Coréens de toute la péninsule viennent voir celle que l'on surnomme *Myeongwol*, littéralement la « lune éclatante », en raison du contraste entre la couleur de ses cheveux et celle de son visage.

Hwang Jin-Yi est d'abord célèbre pour ses *sijo* dans lesquels elle parle de sa ville natale, Gaeseong, et exprime ses sentiments.

Dans le *sijo* suivant, Hwang Jin-Yi aborde sa relation avec Byok Gye-su, un homme vertueux qu'elle aurait séduit. La *kisaeng*, incarnée ici par la pleine lune, s'adresse à son amant, « l'eau verte ». Il s'agit d'un jeu de mots avec le surnom de la courtisane (lune éclatante) et le nom de Byok Gye-su, dont le dernier *hanja* (sinogramme) est celui de l'eau, 水.

청산리 벽계수(青山裏 碧溪水)야 수이 감을 자랑 마라.

일도창해(一到滄海)하면 다시 오기 어려우니.

명월(明月)이 만공산(滿空山) 할 제 쉬어간들 어떠리.

*Eau de la vallée, ne vous vantez pas de votre rapide courant venant des montagnes bleues.*

*Il sera difficile de revenir lorsque vous aurez atteint la mer bleue.*

*Une pleine lune orne ces paisibles collines : ne souhaiteriez-vous pas vous reposer un peu ?*

Aujourd'hui, Hwang Jin-Yi est un modèle de la littérature classique coréenne. On ne compte plus le nombre d'œuvres qui lui sont consacrées, comme le drama de 2006 et le film de 2007 qui portent son nom, avec respectivement Ha Ji-won et Song Hye-kyo dans le rôle de Hwang Jin-Yi.

Portrait de Hwang Jin-Yi. *Miindo*, Shin Yun-bok (1758-vers1813). Fondation Gansong d'art et de culture, Seongbuk-gu, Séoul.

# Les *sokdam*, proverbes coréens

En Corée, on appelle *sokdam* ce que nous nommons en français les « proverbes » ou « adages ». Ce sont des expressions, des phrases idiomatiques entrées dans la langue et la conscience collective, au point qu'elles sont utilisées et comprises par une grande partie de la population. Certaines sont factuelles, prosaïques, d'autres plus poétiques. Qu'ils soient amusants ou instructifs, les proverbes révèlent bien des choses sur le peuple qui les emploie. Considérés comme des trésors de sagesse, ils se transmettent précieusement à travers les âges. En voici quelques-uns qui ne possèdent pas d'équivalents évidents en français.

### 등잔 밑이 어둡다 - [deung jang mit chi uh dupe da]

Littéralement, « *il fait noir sous la lampe* ». Ce proverbe exprime, d'une façon très visuelle, le fait que l'on a parfois du mal à voir ou à reconnaître quelque chose d'évident, de parfaitement visible, quelque chose qui se trouve juste sous notre nez.

### 개천에서 용 난다 - [gae-ceon-e-seo yong nan-da]

Littéralement, « *un dragon jaillit d'un petit ruisseau* ». Si l'on s'intéresse aux anciennes légendes coréennes, on remarque qu'il est courant d'entendre parler de dragons émergeant des mers ou des océans.

Ici, étonnamment, le dragon naît d'un simple ruisseau. Ce proverbe décrit la réussite prospère d'une personne issue d'un milieu modeste.

### 옷이 날개다 - [os-i nar-gae-da]

Littéralement, « *les vêtements sont des ailes* ». On retrouve ici l'idée du soin apporté par les Coréens à leur apparence, à leur tenue. Ce proverbe évoque l'importance d'être bien habillé.

Si l'on déroule la métaphore, les vêtements, plus qu'une simple enveloppe, sont considérés comme un réel outil, un moyen de s'élever, de se hisser au sommet.

Alors ne négligez en aucun cas votre tenue lors de votre voyage en Corée, on ne sait jamais, elle vous permettra peut-être de vous envoler ?

### 김칫국부터 마시지 말라 - [Kimchi-guk-buteo ma-si-ji mal-ra]

Littéralement, « *ne commencez pas par boire la soupe au kimchi* ». Ce proverbe est l'équivalent français de « ne vendez pas la peau de l'ours avant de l'avoir tué », il signifie qu'il ne faut pas être impatient et se précipiter.

### 개똥도 약에 쓰려면 없다 - [gae-ttong-do yag-e sseu-lyeo-myeon eobs-da]

Un peu plus abstrait, celui-ci signifie littéralement : « *lorsque l'on a besoin d'excréments de chien pour un médicament, il est impossible d'en trouver* ». Ce proverbe pointe du doigt le fait que même les choses les plus faciles à trouver habituellement deviennent introuvables lorsqu'on en a réellement besoin.

### 매도 먼저 맞는 게 낫다 - [mae-do meon-jeo maj-neun ge nas-da]

Littéralement, « *il vaut mieux être battu par le fouet d'abord* ». Un adage instructif, plein de sagesse, qui nous enseigne qu'il est toujours préférable d'en finir avec les choses les plus désagréables d'abord. Dans notre société actuelle, on pourrait en déduire qu'il ne faut pas procrastiner et se débarrasser tout de suite des choses les plus difficiles, les plus déplaisantes.

Il existe encore bien des proverbes coréens, pourquoi ne pas vous amuser à tous les découvrir ? C'est toujours une très belle façon de comprendre la pensée profonde d'un peuple.

**Les Hanok cafés sont des lieux entre le passé et le présent.** Les visiteurs peuvent y déguster de la nourriture traditionnelle dans une ambiance de détente et de paix. Malgré la vie urbaine trépidante d'aujourd'hui, ils peuvent y profiter d'une atmosphère calme et unique ainsi que d'un thé de haute qualité. Les Hanok cafés sont une tendance notable aujourd'hui en Corée du Sud.

# Le *darye*, la cérémonie du thé

Le *darye* est l'une des cérémonies du thé traditionnelles en Corée. Le terme *darye* se traduit littéralement par « étiquette du thé » ou « rite du thé ».

Cette cérémonie est le résultat de diverses pratiques et coutumes développées tout au long de l'histoire coréenne. Il y a environ 1 600 ans, des moines bouddhistes coréens ont rapporté cette culture de Chine.

L'histoire raconte qu'en 828, sous la dynastie Tang, l'ambassadeur de Corée en Chine apporta des graines de *Camellia sinensis* sur le territoire coréen et les planta au pied des montagnes avec l'autorisation de la cour impériale. Depuis lors, le thé est devenu très populaire dans la région.

Après la guerre russo-japonaise, le Japon a adopté certains éléments de la culture du thé coréenne et les Coréens ont également commencé à intégrer ceux de la cérémonie japonaise, formant un style particulier autour de l'infusion.

Du côté rituel, il est important de mentionner que la consommation de thé en Corée a été profondément influencée par le bouddhisme et le taoïsme, ce qui a conduit au développement d'un concept appelé *suyangdado*, c'est-à-dire la réalisation de cérémonies du thé comme moyen de cultiver l'esprit.

Le rituel de la consommation du thé se pratiquait beaucoup dans les temples bouddhistes coréens en tant qu'offrande, jusqu'à la dynastie Joseon. Cependant, avec l'invasion des forces japonaises et l'imposition du confucianisme, cette pratique a été perdue.

Ce n'est qu'à la fin du XVII$^{e}$ et au début du XIX$^{e}$ siècle que le thé réintègre la vie quotidienne. La cérémonie du thé coréenne a lieu chaque saison. Des codes particuliers doivent être suivis pour chaque type de cérémonie.

L'eau la plus pure est sélectionnée, bouillie et versée dans la théière et les tasses. Elle est suivie de l'herbe, lavée une première fois, puis déposée dans l'eau, à température contrôlée.

La théière et les tasses à servir sont disposées sur un plateau. Une fois servis, les invités attendent que l'hôte prenne sa tasse, puis savourent la boisson.

Malgré son formalisme, la cérémonie du thé a pour principal objectif d'être un moment de détente. Elle peut aussi être l'occasion d'un rapprochement social, car elle est propice à la discussion.

Salon de thé en bois avec ensemble de cérémonie du thé traditionnelle coréenne, Incheon, Corée du Sud.

# Le *talchum*, une danse traditionnelle coréenne

Le *talchum* est une danse théâtrale dans laquelle les danseurs portent des masques pour cacher leur identité. Originaire de la province de Hwanghae, il s'agit de l'une des plus anciennes traditions de la culture populaire coréenne. Dans certaines régions, le *talchum* est étroitement lié au chamanisme, servant de cérémonie rituelle pour solliciter les esprits.

L'anonymat des acteurs leur garantit une totale liberté d'expression lorsqu'ils font des parodies et des caricatures. En effet, le principe de ces performances alliant théâtre, danse et chant est de se libérer des difficultés du quotidien en se moquant de l'hypocrisie de la classe aristocratique. Difficile de ne pas faire de lien avec le théâtre de Molière en France.

Les spectacles de *talchum* sont joués à l'extérieur, afin que le public puisse interagir avec les acteurs, qui improvisent en fonction de ses réactions. Les scènes composant le spectacle ne sont d'ailleurs pas forcément liées entre elles.

Pour aborder les problèmes sociaux du peuple coréen, les acteurs revêtent des costumes de nobles, de moines, de chamans, d'épouses, de concubines ou de servantes, et portent des masques distordus à des fins comiques. Ils sont accompagnés de musiciens qui jouent du violon, de la flûte ou du tambour.

Aujourd'hui, le *talchum* est encore pratiqué par quelques troupes itinérantes. La Corée du Sud a récemment déposé une candidature pour inscrire le *talchum* au patrimoine culturel immatériel de l'Unesco.

Spectacle de *bongsan talchum* en Corée du Sud.

Spectacle de *talchum* dans la ville d'Andong
en Corée du Sud.

# LES MUSIQUES TRADITIONNELLES CORÉENNES

## *Arirang*

Quand on parle de musique coréenne, on pense souvent à la K-pop, mais les chansons traditionnelles, et tout particulièrement *Arirang*, occupent également une place de choix dans la culture coréenne.

*Arirang* est la plus célèbre chanson folklorique coréenne, que ce soit en Corée ou dans le reste du monde. Inscrite au patrimoine culturel immatériel de l'humanité de l'Unesco, elle existe en de nombreuses versions issues de régions différentes. Les paroles évoquent les efforts de voyageurs qui essaient de traverser le col Arirang, d'où le titre de la chanson.

La plus ancienne version de la chanson date de plus de 600 ans, mais aujourd'hui, la version la plus connue en Corée du Sud et à l'étranger est *Bonjo Arirang*. Originaire de la région de Séoul, cette version a gagné en popularité grâce au film *Arirang* de 1926, avant de devenir un des hymnes de l'équipe sud-coréenne de football, et d'être revisitée en 2007 par SG Wannabe. En Corée du Nord, Kim Il-sung a transformé la chanson en un hymne à la gloire de l'armée et du peuple, sous le nom de *Gunmin Arirang*.

*Arirang* et le film éponyme de 1926 sont intimement liés. Le long-métrage est sorti sous l'occupation japonaise et la légende raconte que le public avait l'habitude de chanter *Arirang* à la fin de chaque séance, dans un élan nationaliste. En 2003, un *remake* du film a été en partie tourné en Corée du Nord, prouvant que malgré la séparation des deux Corées, *Arirang* reste aujourd'hui un vecteur de patriotisme et d'unité coréenne.

Danseuses et acrobates au festival Arirang, Corée du Nord.

# *Pansori*

Le *pansori*, qui combine les termes *pan*, le lieu où l'on se rassemble, et *sori*, le son, est un poème chanté, qui conte une histoire. Il est pris en charge par le *kwangdae*. Celui-ci tient un éventail, qu'il fait danser au gré du chant. Les séances peuvent durer plusieurs heures et le *kwangdae* doit, avec talent, ricocher entre les rôles de chanteur, narrateur et acteur.

Cet art musical ne ressemble en rien à ceux que nous connaissons. Sans forcément en comprendre les paroles, on ressent toute la puissance émotionnelle que le *kwangdae* infuse dans son chant et les douces ondulations de l'éventail. Chanter le *pansori* nécessite d'ailleurs d'entraîner sérieusement sa voix et on raconte qu'autrefois, les *kwangdae* s'exerçaient à côté d'une cascade pour parfaire la puissance de leur timbre. Bien souvent, une complicité naît entre le public et l'artiste, qui peut ralentir son récit pour s'adresser à l'auditoire, pour blaguer, ou préciser certains éléments, en profitant ainsi pour reposer sa voix. Le public joue, au même titre que le *kwangdae* et le tambour, un rôle essentiel puisqu'il rythme, lui aussi, avec des encouragements et des exclamations, la performance.

Cet art a beaucoup évolué au fil des siècles, dans ses formes et dans ses thématiques. La subversion, la moquerie, la critique des normes et des pouvoirs en sont néanmoins des éléments récurrents.

Le *pansori*, d'abord populaire, a su traverser les âges et s'imposer dans tous les milieux, car c'est un art qui n'a eu de cesse de se renouveler, de grandir et : à différents thèmes et contenus.

Cinq chants sont parvenus jusqu'à notre époque et ils fournissent au *kwangdae* une base à partir de laquelle celui-ci improvise, étoffe et crée. La tradition du *pansori* perdure encore aujourd'hui, mais elle se distille aussi dans d'autres arts et tendances actuelles.

Un *kwangdae* jouant du *Pansori*.

# LES JEUX TRADITIONNELS CORÉENS

Avec le succès de la série *Squid Game*, on ne peut s'empêcher de se demander quels autres jeux coréens traditionnels existent et comment y jouer. Voici cinq jeux coréens traditionnels que vous avez sûrement vus dans des programmes de divertissement ou dans certaines séries coréennes.

## NEOLTTWIGI

Le *neolttwigi* est une balançoire coréenne assez différente de celle que nous connaissons. La bascule est obtenue en plaçant un sac de paille noué sous une longue planche de bois. Normalement, une personne se tient au milieu en exerçant une pression pour que la planche soit soutenue.

Ce jeu est populaire chez les jeunes filles lors des fêtes traditionnelles telles que le Nouvel An coréen, Chuseok et Dano. Dans le *neolttwigi*, les enfants se tiennent debout à chacune des extrémités de la planche, se coordonnant pour sauter à tour de rôle. L'objectif est de sauter le plus haut possible.

### *DDAKJI*

Dans la série *Squid Game*, le premier jeu dans la scène du métro est le *ddakji*. C'est un jeu très simple dans lequel on utilise des papiers carrés de différentes couleurs.

Un joueur doit poser son carré au sol et son adversaire doit lancer le sien afin de soulever et retourner celui de l'autre.

Jeu *tuho* de la dynastie Joseon, site historique à Tongyeong, en Corée du Sud.

### *JEGICHAGI*

*Jegichagi* signifie « donner un coup de pied au volant ». Les volants, *jegi*, sont faits de papier, de pièces de monnaie et de plumes. Un joueur donne un coup de pied en l'air à un *jegi* et le fait passer en évitant qu'il ne tombe au sol. Dans un jeu à un contre un, le joueur qui a le plus grand nombre de coups de pied consécutifs gagne.

### *TUHO*

Deux équipes placent au centre d'un terrain un récipient dans lequel ils doivent lancer des flèches, rouges ou bleues, depuis une distance donnée. L'équipe qui réussit à mettre le plus de flèches de sa couleur dans le vase a gagné.

Ce jeu originaire de Chine a été introduit dans la péninsule coréenne sous la dynastie Goryeo (918-1392). Dans les temps anciens, c'était un loisir réservé aux rois et aux aristocrates de la cour royale. Aujourd'hui, il est uniquement joué lors des fêtes. Le *tuho* est également un jeu d'alcool en soirée.

### GONGGI

Pour jouer au *gonggi*, il fallait autrefois trouver cinq pierres de la taille d'un raisin. De nos jours, on utilise des pierres en plastique ou même en tissu, fabriquées à la main. Le *gonggi* est un jeu très simple qui peut être joué en équipe ou seul. Il commence généralement par un lancer de pierres : chaque joueur lance les cinq pierres, paume en l'air. Pendant qu'elles sont en l'air, le joueur doit retourner sa main. Les *gonggi* sont alors attrapés sur le dos de la main. La personne ayant le plus grand nombre de pierres joue en premier. Il existe ensuite plusieurs niveaux de difficulté dans lesquels le joueur doit lancer et attraper de plus en plus de pierres à la fois pour obtenir des points.

# LES VALEURS DE L'ART MARTIAL

## Les arts martiaux

Les arts martiaux sont des méthodes de combat militaire à mains nues ou armées, dont le but est de mettre sa force au service de la vertu, et qui incarnent des valeurs telles que le respect, l'humilité, la persévérance ou la loyauté. En Corée, les arts martiaux reposent avant tout sur la santé spirituelle et physique, l'efficacité et la beauté des gestes.

### UN ART RÉSERVÉ À L'ARISTOCRATIE

La pratique des arts martiaux coréens remonte à la période des Trois Royaumes. D'abord réservée aux jeunes nobles (*hwarang*) à des fins militaires, cette pratique se démocratise néanmoins avec le développement du bouddhisme et du confucianisme dans la péninsule coréenne.

L'introduction des *hwarang* à la fin du IVe siècle sous Silla illustre les valeurs de l'art martial coréen. Celui-ci considère que le corps et l'esprit ne font qu'un, que l'esprit doit se refléter dans un corps harmonieux en communion avec la nature. L'ordre des *hwarang* porte également les valeurs confucianistes et bouddhistes : le respect de la famille, des professeurs et de la royauté, mais aussi la loyauté envers ses camarades, la défense de causes justes.

Le drama *Hwarang* suit un groupe de jeunes hommes à l'époque des Trois Royaumes. L'histoire se situe plus précisément dans le royaume de Silla, où ces six jeunes hommes s'entraînent d'arrache-pied afin d'intégrer l'élite civile et militaire du pays. Leur formation difficile vise l'excellence artistique, militaire et intellectuelle.

### DES PRATIQUES NOMBREUSES

Parmi les arts martiaux traditionnels les plus connus, nous pouvons nommer le *taekyon* (inscrit au patrimoine culturel immatériel de l'humanité de l'Unesco depuis 2011) ou le *sirum*. En ce qui concerne les arts martiaux modernes, nous retrouvons le *hapkido* (pratique enseignée dans les forces de police coréennes) ainsi que le *taekwondo*.

Entraînement d'hiver pour les moines, Corée du Sud.

# *Sonmudo* : les moines-guerriers

La pratique du *sonmudo*, signifiant « voie de la guerre (de l'école) *son* », est un art martial *son* (l'équivalent du *chan* chinois et du *zen* japonais) né en Corée. Il peut s'apparenter à du yoga dynamique et repose sur le contrôle de la respiration, du mouvement et de la pensée. Le but de sa formation est l'harmonisation de l'esprit, du corps et de la respiration.

## UNE TRADITION D'ABORD RELIGIEUSE

Perpétué et enseigné par les moines bouddhistes, également précepteurs des *hwarang*, il est lié par son origine au bouddhisme coréen. Connu d'abord sous le nom de *« kum kan yung kwan »*, il est considéré comme un art-martial « non violent », et le pratiquant est désigné comme un « guerrier pacifique ». Le *sonmudo* est d'ailleurs enseigné en Corée par des instructeurs ou des moines bouddhistes de l'ordre Chogie.

En effet, les moines jouaient eux aussi un rôle dans la défense de la Corée contre des ennemis et envahisseurs comme le Japon, particulièrement sous les ordres du moine Sosan (1520-1604). Le *sonmudo* a été transmis secrètement au fil des siècles par des familles bouddhistes. Ceux qui le pratiquent affirment que l'on peut atteindre un état d'esprit supérieur grâce à la fois au mouvement du corps et au calme spirituel.

Temple Golgulsa à Gyeongju, Corée du Sud.

## UN NOUVEAU SOUFFLE

Au XXe siècle, durant l'occupation japonaise, sa pratique était réprimée, comme celle de tous les arts martiaux traditionnels coréens. La culture coréenne était jugée décadente par l'envahisseur. Cependant, le *kum kan yung kwan* réussit à perdurer. En 1984, le moine Joeg Un Seol demande à son professeur, le moine Yang Hik, l'autorisation de développer sa propre discipline en dehors des temples. Yang Hik, célèbre notamment pour son décès en méditation en 2006, était un moine qui, avant de se fixer à Pomosa, a parcouru la Corée pour retrouver les différentes sources du Ji Kwan, l'art du souffle de vérité. Il fonda ensuite le *kum kan yung kwan*, que le moine Jeog Un Seol renomma *sonmudo*, « art martial chan », y mêlant sa propre philosophie : la voix de la porte du grand diamant. Le nom de tous les exercices commence par *Young* (méditation) et finit par *Kwan* (observer), ce qui signifie que la pratique amène à cheminer vers soi, à découvrir notre vraie nature.

Maître Jeog Un Seol érigea par la suite au temple de Golgulsa le centre mondial du *sonmudo*, encore actif et visitable de nos jours, où sont données des démonstrations de la pratique.

## DE LA SPHÈRE RELIGIEUSE AU QUOTIDIEN

Le *sonmudo* est une discipline des plus complètes. La fluidité et la pleine conscience alimentent tous les exercices, tantôt tournés vers la circulation d'énergie (le *Qi*) en mouvement, tantôt tournés vers les postures de yoga tibétain, pour la partie santé.

À l'heure actuelle en Corée, pays majoritairement bouddhiste, le *sonmudo* reste lié à son héritage religieux. En revanche dans le reste du monde, comme en France, sa pratique est presque entièrement dégagée de cet aspect. Dans la dynamique de la philosophie *zen* le but est d'aider le pratiquant à se détacher du stress du quotidien.

Temple de Golgulsa, principalement connu pour ses moines-guerriers pratiquant le *sonmudo*, Gyeongju-si, Gyeongsangbuk-do, Corée du Sud.

# Le *taekwondo*

Cet art martial au nom plus que significatif (*Taekwondo* signifie littéralement « la voie des pieds et des poing ») a officiellement vu le jour en 1955, après la libération de la péninsule coréenne.

## AUX SOURCES DU *TAEKWONDO* : DES VALEURS ANCESTRALES

Les valeurs du *taekwondo* puisent leurs origines dans les principes défendus par les *hwarang*. De nos jours les commandements du *taekwondo* supposent une loyauté sans faille envers son pays et ses amis, un respect fort de la famille, des aînés, de l'école et des enseignants, la fidélité entre les époux, de ne jamais tuer sans bonne raison, de garder un esprit indomptable, et de toujours finir ce que l'on a commencé. Cinq principes s'ajoutent à ces commandements : le respect de soi et des autres, l'humilité, la persévérance, le contrôle de soi et l'honnêteté.

## UN MARQUEUR DE L'IDENTITÉ CORÉENNE

Alors que la pratique des arts martiaux coréens est interdite pendant l'occupation japonaise, le karaté coréen est unifié après 1951 par le général Choi Hong-hi, qui avait pratiqué sous la direction d'un maître japonais. Trois ans plus tard, il se voit confier la tâche d'enseigner cet art à l'armée sud-coréenne, par le président Syngman Rhee. Ce dernier lui demande également de l'assimiler au *taekkon*, un art martial coréen, afin de faire disparaître toute allusion à la culture japonaise. En 1955, l'art martial prend officiellement le nom de *taekwondo*. Depuis 2000, cet art martial est également pratiqué lors des Jeux olympiques d'été.

## UNE PRATIQUE CODIFIÉE

Lors des entraînements, les pratiquants portent un *dobok*, un vêtement blanc composé d'une veste fermée au col en V et d'un pantalon ample maintenu par une ceinture. Alors que la veste symbolise le cercle du ciel, le pantalon représente le carré de la terre et la ceinture, le triangle de l'homme. Ainsi, l'équipement illustre les bases de l'Univers selon la tradition coréenne et forme l'unité (le *Han*).

# LE *HANBOK*, LA TENUE TRADITIONNELLE

Si les Jeux olympiques d'hiver de Pékin en 2022 ont fait parler d'eux en Corée, ce n'est pas seulement pour une question de médailles ! Les Coréens n'ont pas apprécié qu'un modèle porte un *hanbok*, présenté comme un vêtement traditionnel chinois, lors de la cérémonie d'ouverture. Car le *hanbok*, ou *joseonot* en Corée du Nord, est avant tout le costume traditionnel de la péninsule coréenne. Son nom signifie littéralement « costume coréen ».

Le *hanbok*, à travers ses formes, ses lignes et ses couleurs, est représentatif des valeurs du confucianisme. Chez les hommes, le *hanbok* reflète l'intégrité grâce à une tenue et un chapeau appropriés au rang de l'individu. Chez les femmes, le *hanbok* dissimule la peau tandis que les lignes du vêtement agrandissent gracieusement la silhouette.

En termes de couleur, on retrouve le blanc, synonyme de pureté, de naturel et d'esprit, ainsi que des couleurs vives, notamment dans le haut de la hiérarchie sociale. Les classes dirigeantes portent des *hanbok* en adéquation avec leur statut.

Aujourd'hui, le *hanbok* est porté principalement pour les grandes occasions, surtout par les personnes âgées. Cependant, depuis quelques années, il gagne en popularité grâce à des designers qui l'intègrent dans leurs créations. Il n'est plus rare de croiser des Coréennes habillées de « *hanbok* modernes » au quotidien. Elles respectent ainsi les traditions tout en étant à la mode.

Si vous avez l'occasion de vous rendre en Corée, profitez-en pour louer un *hanbok* ! De nombreuses boutiques de Séoul proposent ce service, qui vous permet de visiter gratuitement les palais de la capitale.

Jeunes coréens habillés en tenue traditionnelle dans le palais Gyeongbokgung, Corée du Sud.

Jeune fille portant un *hanbok* dans une maison traditionnelle coréenne.

Hanbok.

# LE *HANBANG*, LA MÉDECINE TRADITIONNELLE CORÉENNE

## Les plantes médicinales et l'équilibre du yin et du yang

Le *hanbang* est la médecine traditionnelle coréenne, qui comprend l'utilisation de remèdes à base de plantes pour traiter et prévenir les maladies. Bien qu'il soit issu de la médecine traditionnelle chinoise, le *hanbang* a développé ses propres caractéristiques au fil des siècles.

Cette science s'appuie sur la présence dans le corps humain de forces contraires : le yang – principe masculin, actif, fort, chaud et sec –, et le yin – féminin, passif, réceptif, doux et humide –, formant l'équilibre. Les Coréens ont adopté ces principes sans les modifier fondamentalement, contribuant à enrichir la pharmacopée.

Le médecin personnel du roi Seonjo, 14e souverain de la dynastie Yi, publie en 1610 une encyclopédie en 25 volumes, véritable répertoire de remèdes d'origine minérale, végétale ou animale. Cet ouvrage est encore aujourd'hui le livre de référence des médecins traditionnels. Il existe quatre types de soins différents :

- médicamenteux, avec plus de 400 plantes couramment utilisées, prises oralement sous forme liquide ou en gélules, ou appliquées en pommade ;
- l'acupuncture, pour stimuler la circulation de l'énergie à l'aide des 365 points que compte le corps ;
- la moxibustion, qui consiste à brûler des feuilles d'armoise séchées sur la zone à traiter afin d'améliorer la circulation sanguine ;
- les ventouses chaudes posées sur des points d'acupuncture, favorisant l'écoulement de l'énergie et du sang, et purifiant le corps.

La médecine traditionnelle coréenne est une pratique encore très courante de nos jours.

Intérieur d'une pharmacie coréenne traditionnelle, Séoul, Corée du Sud.

茯苓
草龍
破古
附子

Statue du docteur Ji Seok-yeong, le premier docteur de la dynastie Joseon à introduire la vaccination. À l'arrière, l'hôpital universitaire de Séoul, Corée du Sud.

PORTRAIT

# Esther Park

## première femme médecin

**Esther Park est la première femme médecin et scientifique coréenne à pratiquer la médecine occidentale.**

Née en 1877 à Séoul sous le nom de Kim Jeom-dong, elle étudie à l'université pour femmes Ewha, la première école moderne pour femmes coréennes. Ses bons résultats en langue anglaise et les contacts de son père avec des missionnaires en Corée lui permettent de devenir interprète et secrétaire de Rosetta Sherwood Hall. C'est en travaillant pour cette médecin missionnaire américaine qu'Esther Park établit un premier contact avec la médecine occidentale.

En 1893, elle épouse Yeo Seon Park et prend le nom d'Esther Park. Avec le soutien de missionnaires américains, elle déménage aux États-Unis et rejoint la Baltimore Women's School of Medicine. Six mois avant l'obtention de son diplôme, son mari meurt de la tuberculose. Son diplôme validé, elle retourne en Corée pour travailler à Bogu Yeogwan, le premier hôpital pour femmes du pays.

En raison de la séparation des sexes prônée par le confucianisme, les patientes ne peuvent être soignées par des médecins hommes. Les femmes de l'époque fondent leurs espoirs de guérison sur les visites religieuses. Grâce au Dr Park, de nombreuses femmes bénéficient de traitements médicaux jusqu'alors inaccessibles.

Esther Park parcourt le pays avec détermination en aidant les femmes coréennes et en proposant des soins médicaux gratuits. Elle emménage à Pyongyang en 1901, lorsque Rosetta Hall y établit un hôpital. En reconnaissance de ses services médicaux et sociaux, Esther Park reçoit une médaille du roi Kojong. Elle décède en 1910, à l'âge de 33 ans, de la tuberculose.

Portrait d'Esther Park.

GUCCI

# LA HALLYU

# *HALLYU* : LA POP CULTURE

Dérivé d'un néologisme signifiant littéralement « vague coréenne » (*korean wave* ou encore K-wave), *Hallyu* désigne un phénomène culturel coréen contemporain. Pour beaucoup d'entre nous, passionnés par la Corée, c'est au travers de cette vague culturelle que nous sommes tombés amoureux du pays.

En 1990, la récente montée en popularité mondiale de la culture sud-coréenne est baptisée *Hallyu*. En effet, c'est à cette époque que la Corée du Sud entreprend un effort massif de production de médias, comme les films et les séries télévisées (appelées dramas), visant une promotion à l'échelle nationale. Elle cherche à donner un nouveau visage à sa culture, encore trop marquée par les violences subies au cours de son histoire. La Corée du Sud développe une stratégie novatrice de valorisation de sa culture en s'associant à la puissance de la *fan culture*, très dynamique. En effet, on le remarque aujourd'hui, la passion d'un fan peut le pousser à apprendre une langue étrangère, que ce soit pour comprendre les paroles d'une chanson ou pour découvrir sa culture.

Ce succès est, pour le peuple coréen, une revanche sur les oppressions culturelles endurées par le passé. Le phénomène *Hallyu* devient viral grâce aux médias : les K-dramas et la K-pop rayonnent dans un premier temps en Asie et il faut peu de temps pour que la vague coréenne s'exporte et devienne un phénomène mondial, grâce à l'utilisation toujours plus accrue d'Internet et des réseaux sociaux.

Lorsque l'on entend parler d'œuvres pop de la culture coréenne, on pense immédiatement aux clips musicaux K-pop du moment, comme ceux du groupe BTS, ou encore les dramas, qui ont littéralement envahi les plateformes de *streaming*. Ce phénomène culturel disruptif attire l'Occident : nos yeux sont rivés sur la Corée du Sud, pays créateur de nouvelles tendances.

Le groupe JBJ95 à la K Content Expo en 2019, Californie, États-Unis.

San, le chanteur principal d'ATEEZ, se produit au forum de Los Angeles, États-Unis.

# Les débuts de la K-pop

Les membres du groupe Seo Taiji and Boys sont considérés comme les précurseurs de la K-pop. En 1992, ce trio introduit le rap et la musique urbaine occidentale en Corée du Sud avec sa chanson *I Know*. Le morceau se démarque des chansons patriotiques alors à la mode par son rythme et sa chorégraphie.

Le groupe Seo Taiji and Boys dans les années 1990.

Jusqu'au début des années 2000, la popularité des *idols* de cette première génération de K-pop ne dépasse pas les frontières sud-coréennes. Parmi les groupes emblématiques de cette époque, on retrouve H.O.T., Shinhwa, S.E.S. ou encore Baby V.O.X. Des artistes solos comme PSY, BoA et Rain ont également déjà beaucoup de succès.

H.O.T. est sans aucun doute le groupe le plus populaire de cette période, chacun de ses albums dépassant le million d'exemplaires vendus. Il suffit de voir le premier épisode du drama (série télévisée) *Reply 1997* pour comprendre l'engouement généré à l'époque par ce groupe !

Qui dit première génération d'artistes, dit première génération de fans. Les années 1990 voient l'apparition des premiers fan-clubs, qui instaurent des *fanchants* (des paroles chantées par les fans lors des concerts) et choisissent des couleurs officielles.

En 1990, Internet n'existe pas encore ! Les fans enregistrent les apparitions de leurs *idols* à la télévision sur des cassettes et font la queue pour acheter tickets de concerts et albums devant les boutiques spécialisées.

## L'ascension des années 2000

C'est dans le milieu des années 2000 que « l'âge d'or » de la K-pop survient. Dès 2003, elle gagne en popularité en Asie de l'Est, permettant aux groupes coréens de se faire connaître au Japon et en Chine. Leurs chansons sont reconnaissables à leurs mélodies captivantes, leurs paroles entraînantes et la présence de mots anglais dans les refrains.

On parle d'âge d'or de la K-pop car c'est à cette époque que débutent des groupes désormais incontournables : TVXQ, Bigbang, Super Junior, SHINee, 2PM ou Beast du côté des groupes masculins, et Kara, Wonder Girls, Girls' Generation, 2NE1, Brown Eyed Girls ou T-ara du côté des groupes féminins. C'est en 2010 que s'affirme la suprématie du trio d'agences SM/YG/JYP. Avec la démocratisation d'Internet, du marché digital et du *merchandising*, deux types d'artistes de K-pop se développent.

D'un côté, les *record idols*, généralement des groupes masculins, ont des fans très impliqués malgré une popularité relativement faible chez le grand public. De l'autre côté, les *music idols*, majoritairement des groupes féminins, n'ont pas de fan-clubs très développés mais bénéficient de belles cotes de popularité auprès du grand public.

Les membres du groupe sud-coréen Girls' Generation se produisent sur scène lors du festival Gangnam 2012, le 7 octobre 2012 à Séoul, en Corée du Sud.

# L'apogée des année 2010 : l'exportation de la K-pop

Les années 2010 marquent un tournant dans l'évolution de la K-pop, dont la popularité explose au niveau international. Preuve en est avec la tenue des deux concerts du SM Town Live World à Paris dès 2011 et celui du Music Bank in Paris l'année suivante.

De nouveaux groupes font alors leur apparition, comme BTS, EXO, Twice, Blackpink, Seventeen ou Red Velvet. Le succès international de la K-pop se répercute jusque dans la formation de ces groupes, dans lesquels apparaissent de plus en plus de chanteurs non-coréens, ou qui maîtrisent plusieurs langues.

Cette popularité croissante doit beaucoup aux liens que les *idols* ont pu tisser avec leurs fans grâce au développement de la technologie et des réseaux sociaux. À l'aide de plateformes telles que V Live, les artistes sont en contact direct avec leurs fans. Ces derniers se mobilisent lors des sorties des albums de leurs groupes préférés, qui battent des records de ventes sur les marchés asiatiques et occidentaux.

Aujourd'hui, nombreux sont les groupes qui, encouragés par la popularité de la K-pop, cherchent directement le succès international et collaborent avec des artistes étrangers.

Si les Wonder Girls s'attaquent au marché américain dès 2012 avec le titre *Like Money* en collaboration avec Akon, il faut néanmoins attendre 2014 et la chanson *Hangover*, de Psy et Snoop Dogg, pour que les collaborations deviennent plus récurrentes.

Les États-Unis ne sont pas le seul pays visé : conscients de la popularité de la K-pop en Amérique latine, de nombreux groupes n'hésitent pas à collaborer avec des artistes qui en sont originaires. On peut par exemple penser aux Super Junior, qui ont tout d'abord chanté avec l'actrice et chanteuse américaine Leslie Grace pour le titre *Lo Siento*, puis avec le groupe mexicain Reik pour *One More Time (Otra Vez)* en 2018.

Les membres du *boys band* EXO se produisent sur scène lors du Mnet M CountDown au CJ E&M Center le 27 juin 2013 à Séoul, en Corée du Sud.

Le groupe EXO se produit dans un décor de concept hivernal à Ilsan, Corée du Sud.

# Le phénomène *Gangnam Style*

Personne n'a échappé au phénomène musical de 2012, *Gangnam Style*. Cette chanson a rapidement dépassé les frontières coréennes et battu des records mondiaux.

Le chanteur Psy est né dans un quartier riche et huppé de la capitale sud-coréenne : Gangnam. Le titre *Gangnam Style* fait référence au mode de vie de la population aisée de cette partie de Séoul.

Dans la chanson, Psy caricature ce quartier consumériste pour critiquer une société étouffée par la pression sociale. Le clip accentue son aspect parodique. On voit par exemple des femmes âgées se libérer de contraintes sociales en dansant autour de PSY, qui lui aussi effectue une danse comique. Le clip regorge de stars de la *Hallyu* ! On retrouve la chanteuse Hyun-a en danseuse principale et des membres du groupe Bigbang déguisés en vieillards. Le succès est immédiat : le single sort le 15 juillet 2012 et prend rapidement la première place du classement Gaon Chart, celui des meilleures ventes de disques en Corée du Sud. En deux mois, *Gangnam Style* devient le clip de K-pop le plus visionné sur Youtube, avant d'être la première vidéo à dépasser le milliard de vues en décembre. Le clip compte 4,4 milliards de vues en 2022.

Psy est invité dans le monde entier afin de présenter sa chanson. En France, l'animateur Cauet organise un flashmob au Trocadéro en présence du chanteur. Psy enseigne même sa « danse du cheval » au secrétaire général des Nations unies, Ban Ki-moon. Étonnamment, *Gangnam Style* perce jusqu'en Corée du Nord, où le gouvernement met en ligne une parodie de la chanson ridiculisant la nouvelle présidente sud-coréenne, Park Geun-hye. Si le phénomène Psy a en partie connu le succès grâce à la K-pop, qui commençait alors à s'exporter en Occident, *Gangnam Style* y a permis l'exportation de musiques coréennes plus « classiques ».

Avec son clip *That That*, sorti en avril 2022, Psy reprend dix ans plus tard sa formule à succès dans un décor western, en collaboration avec Suga du groupe BTS. Son titre décalé et entêtant est accompagné d'une chorégraphie délirante, reprise dans le monde entier sur TikTok, plateforme très utilisée par Psy pour diffuser ses vidéos humoristiques. Le chanteur ne manque pas d'autodérision et d'humour décalé. Le clip atteint les 100 millions de vues en une semaine. Dans son dernier album, *Psy 9th*, le chanteur collabore avec le gratin de la K-pop, notamment Suzy, Zico et Yoo Gun-hyung, pour son titre *Celeb*.

Statue de *Gangnam Style* dans le quartier de Gangnam, Séoul, Corée du Sud.

Vue du centre-ville de la place Gangnam, Séoul.

K-Star Road devant le grand magasin Galleria à la station Apgujeong Rodeo, Séoul, Corée du Sud.

Le chanteur coréen Psy.

# L'avènement de BTS – les rois de la K-pop

Jin, RM, Suga, J-Hope, V, Jimin, Jungkook : ces noms ne sont maintenant plus inconnus sur la scène internationale. Ce sont ceux des *Bangtan Sonyeondan*, les « garçons en gilet pare-balles » ou Bulletproof Boy Scouts.

Ils font partie du groupe BTS, produit par l'agence Hybe Corporation, anciennement Big Hit Entertainment. Classée quatrième agence de divertissement sud-coréenne, la plus influente après les « Big Three », elle est fondée en 2005 par un ancien compositeur et producteur de la JYP, Bang Si-hyuk, plus connu aujourd'hui sous le nom de Hitman Bang. Après s'être brièvement associé à la JYP, il lance les premières auditions nationales pour la création d'un groupe masculin, BTS.

Le concept de gilet pare-balles a beaucoup joué dans l'ascension fulgurante du groupe BTS sur la scène internationale. Dans leurs morceaux, les BTS parlent de leur vie, de leurs sentiments, et chantent pour protéger leurs fans – comme des gilets pare-balles – des agressions qu'ils peuvent subir : les stéréotypes, les discriminations, les critiques, les pressions sociales.

Le groupe fait ses débuts en 2013, le plus jeune membre, Jungkook, a alors 16 ans. RM, déjà dans le milieu du rap, est le premier recruté. Viennent ensuite les autres membres, tous issus de différents secteurs de l'art performatif. Jimin et J-Hope étaient danseurs, Jin étudiait le cinéma, Suga était déjà connu à Daegu pour ses compositions. Presque une décennie plus tard, ces artistes, qui se sont entraînés pendant des mois dans un garage sans grands moyens, font maintenant partie de la courte liste des artistes les plus reconnus au monde. Ils ont remporté plus de deux-cent-vingt récompenses dont quatre Billboard Music Awards, l'une des cérémonies les plus prestigieuses aux États-Unis, et été nominés trois-cent-trente-neuf fois à différents prix. Leur clip vidéo *Butter*, sorti en 2021, détient le record du clip le plus visionné sur YouTube en moins de vingt-quatre heures, avec plus de 100 millions de vues.

BTS est aujourd'hui un groupe de K-pop mondialement connu, avec des fans présents sur tous les continents.

Leur popularité est également reconnue par des institutions internationales. En 2018, ils tiennent un discours au siège de l'ONU dans le cadre de la campagne #Endviolence de l'Unicef. Ce discours, prononcé par RM, devient célèbre, en particulier grâce au passage suivant : « *Je veux vous demander à tous : quel est ton nom ? Qu'est-ce qui te fait vibrer et fait battre ton cœur ? Raconte-moi ton histoire. Je veux entendre ta voix, et je veux entendre tes convictions. Peu importe qui tu es, d'où tu viens, la couleur de ta peau ou ton genre, exprime-toi. Trouve ton nom et trouve ta voix en t'exprimant.* »

Une seconde fois, le 23 septembre 2021, les membres du groupe se sont rendus à la 75$^{e}$ Assemblée générale des Nations unies en tant que représentants de la Corée du Sud et y ont abordé les défis futurs de la jeunesse, comme la sortie de la crise du Covid-19 ou la question environnementale.

Le groupe BTS aux Billboard Music Awards, en 2018.

Le groupe BTS aux American Music Awards, en 2020.

Blackpink au Coachella Valley Music and Arts Festival, le 12 avril 2019, en Californie, États-Unis.

## Blackpink, les reines de la K-pop

Le groupe féminin de K-pop Blackpink débute en 2016 chez YG Entertainment et se place dans la lignée de ses aînées 2NE1, un groupe féminin haut en couleur, très populaire de 2009 à 2016, connu pour son style atypique et des propos visant à combattre les stéréotypes de genre.

Blackpink reprend leur ambitieux flambeau en adoptant un style musical et des visuels plus percutants que la plupart des groupes féminins de sa génération. Teddy Park, producteur et parolier, les accompagne depuis leurs débuts. Aujourd'hui, devenu le groupe féminin de K-pop le plus célèbre et le plus écouté dans le monde, Blackpink continue d'embraser la scène du divertissement.

Composé de quatre membres aux origines différentes, Blackpink percute la sphère K-pop avec originalité. Jisoo, la plus âgée, visage du groupe et chanteuse, est la seule à avoir grandi en Corée. Rosé, la chanteuse principale, est coréenne mais a été élevée en Australie, alors que Jennie, rappeuse principale, a grandi en Nouvelle-Zélande. Enfin, Lisa, la *maknae* (membre la plus jeune), danseuse principale et rappeuse, est thaïlandaise.

Lorsqu'en 2016 elles débutent sur la scène K-pop, elles portent un concept novateur, audacieux, revendiquant une puissance sexy et souveraine, loin des visuels mignons et des voix délicates. Premier groupe féminin de K-pop à se produire lors du célèbre festival Coachella, elles enchaînent les collaborations avec des artistes mondialement connues comme Dua Lipa, Lady Gaga, Selena Gomez et Cardi B.

Avec deux rappeuses dans ses rangs, des paroles féministes, provocantes, assumées, pétries d'airs émancipateurs et de cris de sororité, Blackpink marque sa génération grâce à des concepts auxquels femmes et hommes peuvent s'identifier.

## La K-pop, un phénomène fédérateur

Pourquoi la K-pop connaît-elle un tel succès ? Qu'apporte-t-elle à tous ses fans pour qu'ils continuent à suivre leurs artistes favoris envers et contre tout ?

Les *idols* sud-coréens, même s'ils s'en démarquent, sont comparables aux *idols* occidentaux des années 2010 comme Justin Bieber ou encore One Direction. Souvent, ce sont les messages transmis dans les morceaux qui attirent un public dévoué. Les fans se retrouvent dans les paroles, dans les histoires racontées, dans les expériences vécues. Les *idols* apportent du réconfort à ceux qui en ont besoin.

Par ailleurs, la K-pop est un formidable lieu de rencontre des minorités. Comme a pu le montrer la sociologue sud-coréenne Yon Hye-won, les communautés LGBTQI+ se sont retrouvées dans ce style musical aux contours flous qui, malgré certains stéréotypes de genre persistants, voit de plus en plus de groupes en défier les codes. Si les allusions aux personnes LGBTQI+ ne peuvent se faire que de manière très allégorique, certaines personnalités, comme Tiffany du groupe Girls' Generation, leur ont publiquement apporté leur soutien. De plus, la forte présence sur les réseaux sociaux des communautés de fans a permis une réelle socialisation et la possibilité d'appartenir à un groupe de pairs. Ainsi, la K-pop, au-delà de la musique, a un véritable pouvoir socialisant et fédérateur.

La K-Pop n'est donc pas qu'un genre musical. Elle est devenue une culture et un style de vie à part entière pour ses artistes et leurs fans.

Savannah Truong, gérante du Kick Café.

# Savannah Truong

## créatrice du *concept store* Kick Café

**Savannah Truong est la fondatrice du Kick Café (K-pop Is for Cool Kids), le premier *concept store* dédié à la K-pop en France, ouvert en mai 2021. Passionnée par la culture coréenne et plus particulièrement la K-pop, elle a voulu créer un lieu permettant à tous les aficionados de la *Hallyu* de se rencontrer autour de boissons fraîches et de gâteaux gourmands typiquement coréens.**

En 2019, après le concert d'une de ses artistes préférées, Sunmi – anciennement du groupe Wonder Girls –, l'une de ses amies lui rappelle : « Tu te souviens quand on traînait dans les boutiques de *bubble tea* et qu'on achetait des CD de K-pop au lycée ? C'est dommage qu'il n'y ait pas vraiment d'endroit où se retrouver pour les fans de K-pop. » Savannah est alors sur le point de terminer ses études, et nourrit depuis longtemps le projet de créer son entreprise. Elle décide donc d'ouvrir un café K-pop à Paris, créant ainsi le lieu qu'elle aurait voulu pouvoir fréquenter lorsqu'elle était jeune.

**Kick Café, le *concept store* dédié à la K-pop à Paris**

Le Kick Café n'est pas qu'un café où sont servis des boissons et des desserts faits maison, mais également une boutique de goodies K-pop exclusifs. Toutes les semaines, des événements autour de la K-pop et de la culture coréenne y sont organisés. Les amateurs peuvent s'y retrouver pour fêter les anniversaires de leurs groupes de K-pop préférés, mais aussi participer à des ateliers de langue coréenne, de danse, de pâtisserie, de décoration d'objets…

Leur mission : transmettre de la joie à travers la K-pop en proposant des expériences innovantes et uniques.

Kick Café est véritablement un lieu de rencontres et de partage. Beaucoup de clients viennent seuls en sachant qu'ils auront la possibilité de rencontrer d'autres fans avec qui ils pourront échanger sur les sujets qui les passionnent et se faire de nouveaux amis. Il y a une réelle convivialité entre les fans. Kick Café a su fédérer une communauté forte, les Kickers, qui sont très engagés dans les projets du lieu et participent activement aux événements.

De plus, le café propose une carte typiquement coréenne : des boissons aux saveurs de la saison, des desserts coréens (*bingsu* et cookies), mais également des snacks salés comme des *samgak kimbap*, des *ramyeon*, ou encore des *dochilak*.

## Des fans hyperconnectés et mobilisés

Aujourd'hui, les artistes explosant les records dans les classements internationaux de musique sont des groupes de K-pop. Ils sont suivis par des millions de fans à travers le monde qui savent comment les faire grimper dans les classements, notamment grâce à des méthodes bien précises de *stream* sur YouTube et de *hashtags* sur Twitter. Mais ces mêmes méthodes leur servent également à mettre en avant certains sujets politiques.

Par exemple, en juin 2020, des fans de groupes de K-pop s'organisent sur TikTok pour réserver un maximum de places à un meeting de Donald Trump sans s'y rendre, pour que celui-ci se retrouve face à une salle quasiment vide.

Le même été, les fans du groupe BTS se mobilisent en masse sur les réseaux sociaux pour soutenir le mouvement Black Lives Matter. À eux seuls, ils récoltent près d'un million de dollars pour la cause, sans parler de leur efficacité sur les réseaux sociaux pour maintenir le *hashtag* dans les tendances du moment.

Des phénomènes comme ceux-ci, il y en a des dizaines partout dans le monde. Nous parlons souvent de ceux se déroulant aux États-Unis ou en Europe, mais il y en a tout autant en Asie, notamment en Asie du Sud-Est.

Les causes défendues ne sont pas uniquement politiques. Une véritable culture caritative s'est développée parmi les fans, à l'image des membres de BTS qui font régulièrement des dons à différentes associations. Dans l'ouvrage *BTS, au cœur des ARMY*, un livre grand public destiné à remercier les fans de leur soutien, l'autrice Lee Jee-heng mentionne notamment la création d'une organisation internationale caritative ARMY. Cette association, baptisée *Once In An Army*, promeut des campagnes de micro-dons au profit d'ONG locales dans le monde entier. En parallèle, les *fanbases* nationales organisent elles aussi différents événements, allant de l'aide aux plus démunis aux marches pour récolter des déchets dans la rue. Ces événements sont également des moments de rencontre privilégiés entre fans.

PORTRAIT

## Être une star de la K-pop

**Jessica Jung a fait partie des neuf membres du groupe féminin Girls' Generation ou So Nyeo Shi Dae, signifiant « l'Ère des filles ». Le groupe, qui a débuté en 2007 avec l'agence SM Entertainment, a été l'un des plus populaires d'Asie. En 2015, Jessica Jung quitte le groupe prématurément.**

Dans ses romans *I Will Shine* (2021) et *Bright* (2022), publiés en France aux éditions Nathan, on suit le parcours de Rachel Kim, une jeune femme américano-coréenne, qui aspire à devenir une star de K-pop renommée. Jessica Jung se sert de ce personnage pour raconter son histoire personnelle, elle partage tous les sacrifices qu'elle a dû faire pour briller et devenir une *idol*. Elle raconte avec réalisme, en s'appuyant sur la vie des stars de K-pop, le traitement injuste auquel sont sujettes les femmes dans cette industrie, ainsi que la dureté du processus de formation des *trainees* (stars en devenir).

Le processus pour devenir *idol* est fastidieux. Au terme des sélections, le *trainee* débute une longue formation qui, à terme, lui offrira peut-être une place dans le monde difficile de la K-pop. Certains s'entraînent dès l'âge de huit ans, tout en poursuivant leur cursus scolaire, et de nombreuses années s'écoulent avant qu'ils aient la possibilité de débuter.

# Jessica Jung

## ancienne membre de Girl's Generation

Pour pouvoir prétendre à cette formation, les candidats passent le plus souvent par des auditions publiques, au cours desquelles ils doivent démontrer leur talent en chant et en danse. La sélection est très sévère : parmi les milliers de candidats, seule une poignée peut espérer intégrer une agence. Dans le cas de Lisa du groupe Blackpink, elle était même la seule à être sélectionnée à l'issue des auditions !

Toutefois, il ne s'agit pas de la seule méthode de recrutement des agences. Certaines vont chercher des « graines de star » dans des émissions musicales ou des clips vidéo, ayant déjà pu avoir un aperçu de leur talent et de leur charisme. Dans ce pays où l'apparence physique compte énormément, il est également fréquent de recruter directement dans la rue en se basant uniquement sur ce critère. Jessica est recrutée lors d'une visite familiale en Corée du Sud début 2000, alors qu'elle est âgée de onze ans. C'est un représentant de la SM Entertainment qui la repère lors d'une session shopping, ainsi que sa sœur cadette Krystal, future membre du groupe f(x).

Au cours de sa formation un stagiaire doit acquérir différentes compétences comme le chant, la danse, le rap, le théâtre, la maîtrise des expressions faciales *aegyo*, et bien plus encore. Toutes ces compétences sont régulièrement évaluées au cours de la formation. S'il est difficile d'y entrer, y rester n'est pas non plus une mince affaire : si les résultats d'un *trainee* sont jugés décevants, il peut être renvoyé. Les *trainees* doivent respecter un règlement strict défini par leur agence, allant de l'interdiction de la consommation d'alcool aux restrictions des fréquentations du futur artiste. Après ce long périple, ce dernier peut espérer faire ses pré-débuts, c'est-à-dire apparaître dans des clips d'autres artistes et des émissions télévisées, permettant aux fans de se familiariser avec le *trainee* avant ses débuts officiels.

Le youtubeur Pape San a réalisé un documentaire relatant la vie des *trainees* au sein de l'agence SG Entertainment : « KPOP : LA VRAIE VIE DES TRAINEES ».

# LE POUVOIR DU DIVERTISSEMENT

## Les émissions télévisuelles coréennes cartonnent en Asie et font des adeptes en Europe

Les émissions de variétés coréennes connaissent elles aussi un succès à l'international. En effet, elles font partie intégrante de la culture du pays et permettent de mieux comprendre la pensée coréenne. Nombreuses sont celles dont les droits ont été rachetés, le plus souvent par d'autres pays asiatiques, grâce à des concepts forts et innovants. On peut notamment citer l'émission *Mask Singer*, dans laquelle les téléspectateurs doivent deviner l'identité d'un artiste célèbre mais masqué. Sur la plateforme Netflix, une nouvelle émission sortie fin 2021 est restée pendant plusieurs semaines dans le top 10 Netflix France : *Sauve qui pécho !* (*Single's Inferno* en anglais) a eu un succès immédiat à l'international. L'émission suit des célibataires sur une île déserte qui ne peut être quittée qu'en couple, une escapade romantique à la clé. Ce succès sera d'ailleurs prolongé par une deuxième saison.

Les émissions les plus populaires sont les *survival shows*, des émissions de téléréalité qui créent et composent les nouveaux groupes de K-pop. Elles mettent en compétition des *trainees*, progressivement éliminés jusqu'à ce qu'un ou plusieurs gagnants soient choisis.

L'émission débute avec une centaine de stagiaires qui doivent affronter plusieurs défis pour accéder à la « finale », lors de laquelle un groupe est formé en fonction des votes des téléspectateurs. Plusieurs scandales de manipulations de votes par les producteurs ont cependant éclaté ces dernières années. Ces émissions ont ainsi perdu, au fur et à mesure des saisons, la confiance des téléspectateurs.

Le groupe musical I.O.I se produit à KCON L.A. 2016 au L.A. LIVE le 30 juillet 2016 à Los Angeles, en Californie.

Les *survival shows* opposent différentes grandes agences d'artistes, et font participer les *trainees* à une compétition à grande échelle. Le temps d'apparition à l'écran étant limité, seuls les artistes les plus charismatiques, talentueux ou attendrissants seront remarqués par le public. La durée de vie du groupe formé est assez courte, puisque les agences font par la suite débuter une carrière solo à leur *trainees*.

Participer à un *survival show* offre de grandes possibilités de carrière aux artistes.

Le parcours de Kim Chung-ha, chanteuse, danseuse et chorégraphe signée sous MNH Entertainment, illustre parfaitement ce système. Elle termine quatrième du *survival show* de Mnet, *Produce 101*, et intègre le groupe féminin résultant : I.O.I. Après la dissolution du groupe, Chung-ha fait des débuts remarquables en tant qu'artiste solo. Le parcours de Somi, participante à la même émission et première du classement, en est un autre exemple. Chanteuse canado-néerlandaise-coréenne vivant en Corée du Sud, Somi se consacre à diverses activités suite à l'émission, et fait ses débuts en tant que soliste avec le single *Birthday*.

La chanteuse Kim Chung-ha.

# La danse, un des piliers de la K-pop

L'histoire de la danse en Corée remonte bien avant les débuts de l'ère K-pop mais, si auparavant elle se pratiquait dans le cadre de rituels, elle s'inscrit aujourd'hui dans une entreprise commerciale, bien que toujours artistique.

Ce qui fait l'unicité de la danse dans la K-pop, c'est la diversité des influences qui la traversent et le talent avec lequel les chorégraphes parviennent à mêler des styles parfois très différents. Entre mouvements hip-hop, balancements jazz et ondulations contemporaines, les chorégraphies sont souvent très riches et travaillées. La danse K-pop est donc insaisissable, elle ne peut être réduite à une seule catégorie, car elle se nourrit d'influences du monde entier.

Lors des sessions de recrutement des futurs *idols*, la danse fait l'objet d'une attention particulière, au même titre que le chant et l'apparence physique, entre autres. Les *trainees* s'entraînent sans relâche à former leurs corps, à retenir les routines, à danser en groupe. Ce travail acharné explique la qualité des performances des *idols* de la K-pop, dont la danse est un élément essentiel.

Mais l'importance de la danse ne s'arrête pas là : il existe une véritable culture de la danse en Corée, et nombreux sont les amateurs qui la pratiquent pour le plaisir. Alors que les compétitions de danse K-pop sont de plus en plus populaires auprès des danseurs étrangers – notamment la K-pop Dance Battle –, la pratique du *busking*, ou performance de rue, est également très répandue. Il n'est pas rare de voir des rassemblements de danseurs venus s'affronter et se faire connaître à Hongdae. Aujourd'hui, des reprises de fans internationaux exécutant les chorégraphies de leurs groupes préférés dans leur pays fleurissent sur YouTube, témoignant encore une fois de l'influence grandissante de la culture coréenne.

Jeunes Coréens dansant dans la rue.

Danse *salpuri* au temple de Beopjusa, Boeun-gun, Chungcheongbuk-do, Corée du Sud. Salpuri est une danse folklorique coréenne dont le nom signifie littéralement « chasser les mauvais esprits ». Cette danse et sa musique sont très codifiées et apparentées aux rituels chamaniques. L'ensemble musical accompagnant la danse est appelé sinawi.

Championnats du monde de League of Legends 2018 au LoL PARK, le 1er octobre 2018 à Séoul, en Corée du Sud.

# Le phénomène e-sport : le jeu vidéo comme sport en Corée

L'e-sport est bien plus qu'un passe-temps en Corée du Sud : certains joueurs expérimentés font de grandes carrières et sont considérés comme des stars. Depuis plus de vingt ans, la Corée du Sud diffuse des matchs et des événements majeurs à la télévision. Véritable puissance dans le domaine technologique, elle ne déçoit pas lorsqu'il s'agit d'investir dans le numérique et le divertissement.

Depuis les années 1990, les jeunes Coréens peuvent pratiquer leurs sports en ligne favoris dans les « PC Bangs », des cybercafés très répandus sur la péninsule. C'est un choix stratégique en raison de la qualité des ordinateurs disponibles sur place. À la maison, les PC ont tendance à être moins performants que ceux des « PC Bangs », qui investissent massivement dans des machines modernes et une connexion Internet optimale. De plus, il est possible d'y passer toute la journée, puisqu'ils sont ouverts 24 heures sur 24 et 7 jours sur 7. Il est également possible de commander à boire et à manger directement devant son PC. Le coût pour une heure d'utilisation est équivalent à un euro. Rendement, performance, rentabilisation du temps de jeu : les Coréens ont une manière de jouer plus agressive, voire toxique selon certains joueurs internationaux. Ils sont également connus pour être agressifs dans les chats. Beaucoup n'ont qu'un seul objectif : se faire remarquer sur la scène e-sport et obtenir un contrat.

Constatant la croissance de l'e-sport en Corée du Sud, le gouvernement crée la KeSPA (Korean e-Sports Association) en 2020. Cette association a permis de légitimer la pratique de l'e-sport, enfin transformée en possibilité de faire carrière.

Les sports électroniques ont d'abord dû faire face aux parents dubitatifs et inquiets de voir leurs enfants jouer au lieu d'étudier. Cependant, certains ont vu dans cette pratique l'opportunité de développer et nourrir une pensée logique. Des jeux comme Starcraft ou League of Legends sont un type de défi mental. Pour gagner des matchs, il faut faire preuve de logique, de réactivité, et savoir s'adapter : l'e-sport est un exercice pour le cerveau.

N'oublions pas que la Corée du Sud est un pays pionnier dans le développement des nouvelles technologies, l'e-sport est un moyen comme un autre de s'exporter à l'international. De belles collaborations ont vu le jour, comme la création de K/DA, un groupe de musique virtuel développé par Riot Games Music en 2018, et qui prend les traits de quatre personnages de League of Legends. Les chanteuses américaines Madison Beer et Jaira Burns, et les membres du groupe coréen (G)I-dle, Miyeon et Soyeon, prêtent leurs voix au projet. Le clip POP/STARS de ce quatuor de stars numériques comptabilise plus de 500 millions de vues.

Lee CloudTemplar Hyun-woo de l'équipe Azubu Frost lors de la Coupe du monde des sports électroniques 2013 en Pologne.

# Le *manhwa*, la bande dessinée coréenne

*Manhwa* est un terme coréen désignant tous les types de bandes dessinées. Cependant, lorsque nous utilisons ce terme en France, il fait spécifiquement référence aux bandes dessinées d'origine coréenne. À la différence des mangas japonais, le *manhwa* se lit de gauche à droite et de haut en bas. Dans le sillage de la vague culturelle coréenne, les *manhwa* et leurs auteurs, les *manhwaga*, s'exportent de plus en plus, faisant de la Corée du Sud l'un des premiers pays producteurs de bandes dessinées au cours de ces dernières années. Vous pouvez très facilement en trouver dans les rayons jeunesse de vos libraires.

Durant l'occupation japonaise, la presse coréenne est très contrôlée. Mais à la suite du mouvement du 1er mars 1919, les autorités japonaises font des concessions, laissant une place prédominante à la caricature. Après plusieurs années de censure et la fin de la guerre de Corée, l'industrie de la bande dessinée a beaucoup évolué. À partir des années 1960, les *manhwaga* expérimentent et s'ouvrent à différents styles de bandes dessinées, abordant de nouveaux genres comme le fantastique, la comédie ou la science-fiction. Le succès rapide de ces genres auprès du public coréen est rapidement suivi par l'ouverture des premières *manhwabang*, des bibliothèques spécialisées en bandes dessinées.

De nos jours, les supports se sont diversifiés : le *manhwa* papier existe toujours, mais on peut également lire des *manhwa* sous forme numérique sur mobile : ce sont les *webtoon*. Ce format, plus moderne et très en vogue, est parfaitement adapté aux smartphones, permettant de dérouler les pages à l'infini dans le métro de Séoul.

Le *manhwa* est de nos jours un média très populaire, que ce soit en Corée du Sud ou à l'international, à tel point que de nombreuses œuvres se voient adaptées à l'écran. Parmi nos adaptations préférées, vous pouvez retrouver *My ID is Gangnam Beauty* avec le personnage attachant de Kang Mi-rae et, pour les plus anciens, *Boys Over Flowers* avec le célèbre Lee Min-ho.

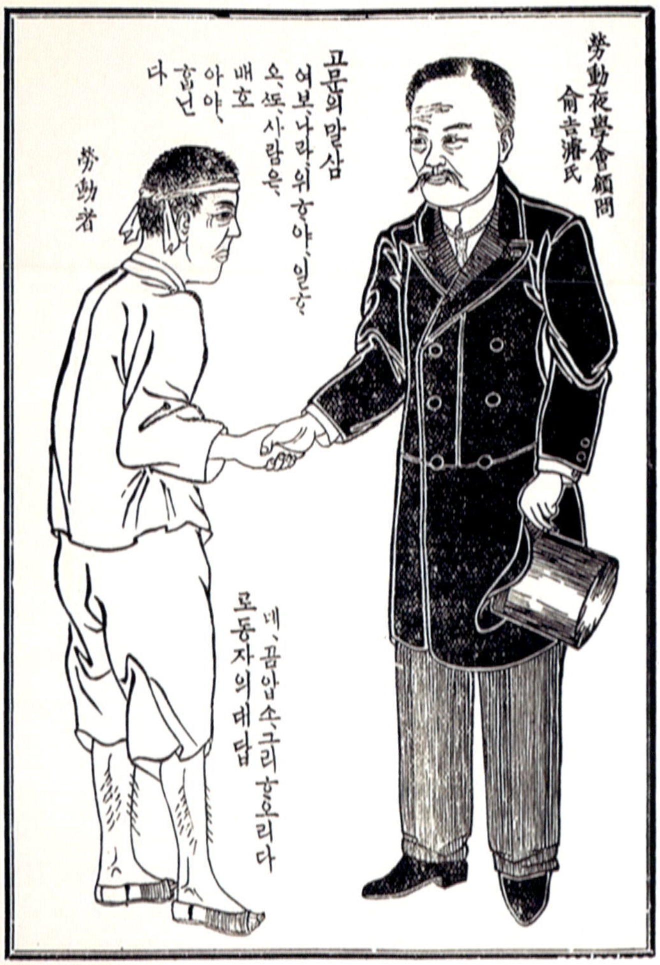


Le premier *manhwa* gravé sur bois par un peintre non identifié, imprimé dans *Gamgak Nodong Yahak Dokbon* en 1908. Il représente un conseiller du Conseil de l'école du soir des travailleurs et M. Yu Gil-jun, un ouvrier. Le conseiller dit : « Bonjour, nous devons travailler pour notre pays et les gens doivent apprendre. » L'ouvrier répond : « Oui, merci. Je vais le faire. »

La librairie Stanfield à Séoul, Corée du Sud.

**Partons à la découverte des *manhwa* les plus populaires, qui ne devraient pas tarder à cartonner dans nos librairies !**

### *TOWER OF GOD*

Auteur : SIU
Genre : Action / Dark fantasy
Date de parution : 2010 – en cours
Nombre de volumes : 9 (en cours)

Comme son nom l'indique, l'intrigue de *Tower of God* se déroule dans une tour géante et mystérieuse. Cette dernière possède la particularité d'offrir le souhait que l'on désire si l'on arrive à se hisser à son sommet. Pour progresser dans les étages de la tour, les « Réguliers » (le nom donné aux protagonistes essayant d'atteindre le sommet) doivent se soumettre à des défis physiques et intellectuels.

Dans la première saison, nous suivons l'aventure de Bam, qui découvre l'univers de cette tour intrigante. Alliances, trahisons… Tout est permis pour s'élever ! Bam arrivera-t-il à survivre en gravissant la tour et en déjouant ses pièges ?

Vous aurez la réponse en lisant *Tower of God* !

### *SOLO LEVELING*

Auteur : Chugong
Genre : Action / Dark fantasy
Date de parution : 2016 – 2018
Nombre de volumes : 14

L'histoire se déroule sur Terre, où de mystérieux portails sont soudainement apparus. Ces derniers ouvrent des portes vers d'autres mondes multidimensionnels où vivent des monstres.

Afin de sauver l'humanité, une armée de chasseurs est formée pour combattre ces diaboliques envahisseurs. Le héros, Sung Jin-Woo, figure parmi les plus faibles chasseurs (il s'élève seulement au rang E, le plus bas dans la hiérarchie). Après un combat où il est grièvement blessé, Sung Jin-Woo se réveille dans un hôpital. Curieusement, notre héros découvre alors qu'il devient de plus en plus fort.

Couverture du *manhwa Solo Leveling*.

Couverture du *manhwa My ID is Gangnam Beauty.*

### *THE GOD OF HIGH SCHOOL*

**Auteur : Park Yong-Je**
**Genre : Action / Comédie**
**Date de parution : 2011 – en cours**
**Nombre de volumes : 13 (en cours)**

Ce manhwa narre l'histoire de Jin Mo-Ri, un jeune champion pratiquant les arts martiaux. Grâce à ses excellentes performances, notre héros est invité à un prestigieux tournoi appelé « The God of High School ». Les meilleurs combattants provenant de toute la Corée du Sud sont invités à s'affronter afin de déterminer les trois plus grands champions du pays, dignes de participer à une compétition mondiale.

Le vainqueur final du tournoi remporte le droit de réaliser le vœu de son choix.

Grâce à son style unique, Jin Mo-Ri réalise des prouesses, mais il comprend rapidement que cette compétition est gérée par une mystérieuse organisation secrète.

Qui se cache réellement derrière ce tournoi ? Vous le découvrirez en lisant *The God of High School* !

### *NOBLESSE*

**Auteurs : Son Jae Ho et Lee Gwang Su**
**Genre : Action / Fantastique**
**Date de parution : 2007 – 2019**
**Nombre de volumes : 8**

Après 820 ans d'un long sommeil, le vampire Raizel (également appelé Rai) se réveille à notre époque. Détenteur du prestigieux titre de « Noblesse », Rai a pour mission de protéger les autres vampires.

Perdu dans notre monde contemporain, Rai a la chance de pouvoir compter sur l'aide de son serviteur, Frankenstein, qui l'inscrit dans un lycée où il apprend à se fondre dans la masse et à se comporter comme un humain. Un beau jour, de mystérieux protagonistes font leur apparition. Rai arrivera-t-il à conserver son secret ou devra-t-il révéler son identité pour se défendre ?

### D'AUTRES MANHWA À DÉCOUVRIR :

- ***Who Made Me a Princess* (2017 - en cours)**
- ***The Girl and the Geek* (2015 - 2018)**
- ***Misaeng* (2012 - 2018)**
- ***Daughter of the Emperor* (2015 - en cours)**
- ***Cheese in the Trap* (2010 - 2017)**
- ***Catharsis* (2015 - 2019)**
- ***The Gamer* (2013 - 2015)**
- ***Girls of the Wild's* (2011 - 2016)**
- ***Let's Play* (2017 - en cours)**
- ***Bastard* (2015 - 2016)**

# Les *webtoons* : adapter les *manhwa* aux nouvelles technologies

Le terme « webtoon » désigne des *manhwa* spécialement créés pour être lus directement sur des Smartphones. Ces mangas numériques se lisent en scrollant verticalement de haut en bas. Ils offrent ainsi une nouvelle forme de langage artistique pour les auteurs.

Inutile de vous préciser que ce format cartonne en Corée du Sud, où la population est particulièrement friande de nouvelles technologies ! Petite précision : certains *webtoons* sont tellement populaires qu'ils connaissent une adaptation en *manhwa*, en mini-séries (K-dramas) ou en anime.

**Voici une présentation des *webtoons* les plus populaires !**

### *TRUE BEAUTY*

**Auteur : Yaongyi**
**Genre : Mélodrame**

Ju-Kyeong est une jeune fille timide et complexée par son apparence. À cause de son physique, elle est victime de harcèlement dans son école. Passionnée par les vidéos de tutos beauté disponibles sur les réseaux sociaux, cette jeune étudiante devient rapidement la « reine du maquillage ». Grâce à son talent, Ju-Kyeong cache son visage et son identité derrière une épaisse couche de maquillage. La jeune femme est devenue populaire grâce à ce stratagème, mais arrivera-t-elle à conserver son secret ?

### *FOUTUE ROMANCE*

**Auteur : Snailords**
**Genre : Romance / Fantastique**

Zylith est une jeune femme de 18 ans qui, après avoir été mise à la porte de chez ses parents, découvre l'appartement de ses rêves. Seule ombre au tableau : ce logement est hanté par un fantôme !

Courageuse et curieuse, Zylith commence à interagir avec ce spectre, qui se trouve être celui d'un homme séduisant. Bien que ces deux êtres provenant de dimensions différentes ne puissent pas se toucher, une relation amoureuse naît entre eux. Cet amour impossible sera-t-il plus fort que tout ?

### *SWEET HOME*

**Auteurs : Kim Carnby et Hwang Young-chan**
**Genre : Thriller / Horreur**

Hyeon-Su est un jeune garçon introverti et isolé du monde. Il ne quitte jamais sa chambre, où il tue le temps en flânant sur Internet et en jouant aux jeux vidéo. Un beau jour, toute sa famille décède lors d'un tragique accident de voiture. Hyeon-Su n'a pas le choix : pauvre et livré à lui-même, il est obligé de déménager dans un vieil immeuble. Il envisage le suicide quand, soudainement, il est confronté à une attaque de monstres sanguinaires. Son instinct de survie prend le dessus et, avec d'autres habitants de l'immeuble, Hyeon-Su est bien décidé à affronter ces créatures.

Si cette intrigue vous intéresse, sachez que ce *webtoon* a été adapté en série disponible sur Netflix.

### *RUPTURE*

**Auteurs : Agha Abiyasa et Dominic Brian**
**Genre : Thriller / Horreur**

Daphné vit une rupture amoureuse douloureuse avec Éric, un homme toxique et violent.

Pour échapper à son emprise, la jeune femme décide de retourner vivre dans la ville où elle a grandi, Serridge. Dans cette petite ville paisible, Daphné espère retrouver la quiétude... Mais rapidement, elle a l'impression d'apercevoir Éric un peu partout. Daphné souffre-t-elle d'hallucinations ou Éric est-il à sa poursuite ?

### *TOMBÉE DU CIEL*

**Auteur : Pookie Senpai**
**Genre : Romance**

Ce *webtoon* narre l'histoire de Kade, un jeune homme indécis qui passe son temps à changer de petites copines et surtout à leur briser le cœur.

Un beau soir, un étrange vaisseau spatial s'écrase dans son jardin. À l'intérieur se trouve une belle extraterrestre portant le nom de Zaida. Cette dernière est bien décidée à rester sur Terre et à apprendre les coutumes terriennes afin de passer incognito.

Kade l'aide dans cette mission et, bien malencontreusement, il commence à tomber amoureux…

### D'AUTRES WEBTOONS À DÉCOUVRIR

***Questions d'âge***

**(Genre : Romance)** Ce *webtoon* raconte l'histoire d'amour entre un jeune homme riche de 23 ans (Daniel Yoon) et sa nouvelle assistante, Rose Choi, une trentenaire romantique mais malheureuse en amour.

***Lecteur omniscient***

**(Genre : Fantastique)** Kim Dokja débarque dans l'univers de son *webtoon* préféré, dont il est le seul à avoir lu les 3 149 chapitres. Lui seul connaît la fin de l'histoire et celle du monde dans lequel il est plongé !

***La Porteuse de fard***

**(Genre : Romance)** Ce *webtoon* se déroule au XVII<sup>e</sup> siècle dans l'univers fascinant des *kisaeng*, les courtisanes coréennes. Nous suivons Sohwa, une jeune femme extrêmement douée pour le maquillage, qui accompagne l'une de ces *kisaeng*.

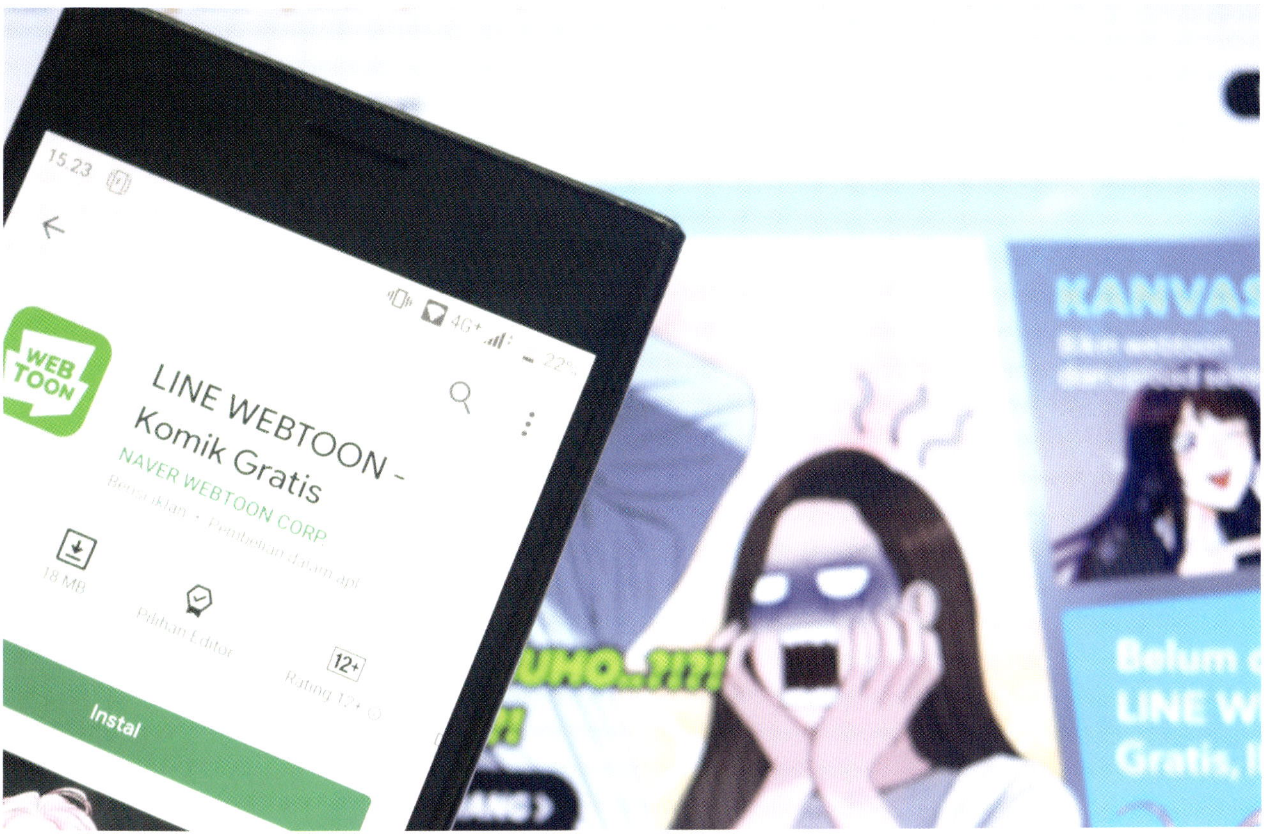

# L'ASCENSION DES FILMS ET DES K-DRAMAS

## Les K-dramas, les séries coréennes

Le terme « drama », ou « K-drama » – abréviation de *korean drama*, drama coréen en français –, désigne, de manière générale, les séries télévisées produites en Corée. Les formats varient, mais les dramas comptent habituellement entre 16 et 20 épisodes d'une heure. Les genres et les thématiques sont multiples et universels : les romances, les thrillers, les dramas d'action, les dramas d'horreur, et bien d'autres sous-catégories. La plupart des scénaristes, tous genres confondus, sont des femmes, là où la majorité des directeurs sont des hommes. Bien que l'on constate une parité homme-femme dans le milieu, la répartition des tâches reste genrée.

Les premiers dramas voient le jour dans les années 1960 et explorent des thèmes essentiellement historiques. La fin des années 1990 marque un véritable tournant dans l'industrie, puisque le drama adopte le format que nous connaissons aujourd'hui et commence à s'exporter, annonçant le début de la *Hallyu*. Entre adaptations de *webtoons* populaires et créations originales, l'industrie du drama est florissante. Depuis quelques années, l'essor international du genre se confirme, en particulier grâce au catalogue grandissant proposé par la plateforme de *streaming* Netflix. La récente popularité de *Squid Game* achève d'entériner le succès du drama à l'étranger : avec 111 millions de vues le premier mois de sa sortie, *Squid Game* bat tous les records et s'installe comme la série Netflix la plus regardée à ce jour. Son succès international est une première pour un drama coréen. Mettant en lumière des sujets comme la pauvreté et les disparités sociales en Corée du sud, *Squid Game* se veut engagé et se rapproche des thématiques plus sombres et pessimistes portées par le cinéma coréen, comme dans le film *Parasite* (2019), réalisé par Bong Joon-ho.

L'industrie du drama est très prolifique : il suffit de s'intéresser aux sorties mensuelles pour s'étonner de la quantité de séries produites chaque année. La production coréenne des séries est d'ailleurs bien différente des industries occidentales, qui préfèrent un tournage concentré et anticipé. Les épisodes de dramas sont, le plus souvent, diffusés rapidement après le tournage. Ainsi, rien n'est réellement écrit à l'avance et les réactions positives ou négatives de l'audience peuvent influencer le script au fil de la diffusion, poussant parfois à la réécriture complète du scénario. Le drama se transforme alors en travail collectif entre la production et le public. Deux épisodes sont diffusés chaque semaine en Corée, offrant ainsi un court laps de temps pour tourner les deux suivants.

Des classiques comme *The Heirs* ou *Boys over Flowers* sont aujourd'hui quelque peu datés. Pour un public inexpérimenté, ils peuvent procurer un sentiment de décalage et d'étrangeté, car les différences culturelles compliquent l'adaptation, mais aussi parce que le jeu des acteurs est inhabituel pour des Occidentaux.

Mais le K-drama s'est élevé pour nous offrir les magnifiques productions que nous connaissons. La beauté des visuels, la qualité des bandes originales, le jeu juste des acteurs et les thématiques novatrices et engagées donnent lieu à de véritables œuvres d'art qui marquent leur époque.

La poupée géante de la série originale de Netflix *Squid Game* au parc olympique de Séoul.

# Les acteurs coréens, de plus en plus célèbres à l'international

De nos jours, le métier d'acteur suscite un engouement massif en Corée. Le monde des médias connaît un essor sans précédent et la *Hallyu* donne une résonance internationale à un grand nombre de créations coréennes. Être acteur de drama ou de cinéma prend donc une tout autre ampleur puisque l'échelle n'est plus seulement nationale.

La place plus grande accordée à la culture et aux arts à partir des années 1990 porte la popularisation du métier d'acteur en Corée. En quelques années, cette valorisation des milieux artistiques donne lieu à des milliers de vocations d'artistes et d'acteurs. En Corée, l'importance du divertissement aujourd'hui est telle qu'il existe plus d'une centaine d'écoles d'arts dramatiques.

Les différents milieux du divertissement sont poreux. Ainsi, il est courant de retrouver les stars de la K-pop dans des dramas ou des films. Inversement, il arrive que certains comédiens de profession participent à la production de la bande originale d'un drama en prêtant leur voix. L'esquisse d'un multi-talent coréen se fait alors plus nette, et on observe des stars capables de jongler avec différentes compétences. Mais si le jeu d'un acteur est important, son apparence l'est encore plus, et les injonctions sévères à se conformer aux canons de beauté continuent de régir la sphère artistique.

Le métier d'acteur est particulièrement difficile et éreintant en Corée, où les conditions de tournage diffèrent de celles que l'on connaît en Occident. Par exemple, les épisodes d'un drama n'étant généralement pas tournés sur une période de temps définie, les acteurs doivent être capables d'enchaîner les heures de travail, sans repos, pour permettre la sortie d'un épisode, parfois la semaine suivante. Ces paramètres éprouvants rendent la vie dure aux comédiens coréens.

Depuis le récent retentissement international de *Parasite*, qui a remporté la Palme d'or en 2019 et l'Oscar du meilleur film en 2020, le monde s'intéresse un peu plus aux médias et aux acteurs coréens. La percée coréenne en Occident continue d'ailleurs avec l'annonce de la participation de Park Seo-joon, étoile montante en Corée, au prochain film Marvel qui sortira en 2023. Les stars coréennes parviennent de plus en plus à s'exporter malgré les différences de sensibilité et de jeu. Cette évolution est de bon augure pour le futur de l'industrie, et pourrait permettre de voir, dans les dramas, une ouverture à la multiculturalité et une plus grande diversité chez les acteurs.

Parmi les stars coréennes qui ont fait leurs preuves à l'étranger, Bae Doo-na est certainement l'actrice au parcours le plus impressionnant. Dès 2009, elle joue le rôle principal dans *Air Doll*, film réalisé par Hirokazu Kore-eda et sélectionné au Festival de Cannes. En 2012, on la voit dans le film de science-fiction *Cloud Atlas* aux côtés de Tom Hanks. Par la suite, l'actrice joue à nouveau pour les Wachowski dans le film *Jupiter : Le Destin de l'univers* et la série *Sense8*. En 2020, Bae Doo-na est à l'affiche de la comédie romantique française *#JeSuisLà*, d'Éric Lartigau. Son personnage, Soo, y donne la réplique à Alain Chabat. Celui-ci joue le rôle d'un homme divorcé qui rencontre une Coréenne sur les réseaux sociaux, avant de s'envoler sur un coup de tête pour la Corée du Sud...

L'actrice Bae Doo-na pose pour un portrait le 20 mai 2014 à Cannes, France.

PORTRAIT

# L'actrice Choi Eun-hee

## étoile du cinéma sud-coréen

**Choi Eun-hee, née en 1926 à Gwangju, est considérée comme l'une des plus grandes actrices des années 1950-1960, aussi bien dans le nord que dans le sud de la péninsule. C'est également l'une des premières réalisatrices coréennes.**

Elle obtient son premier rôle dans le film *A New Oath* en 1947, mais ce sont ses apparitions dans *The Sun of the Night* en 1948 et *Maeumul gohyang* en 1949 qui la propulsent sur le devant de la scène. Elle devient rapidement une des actrices incontournables de l'époque et multiplie les rôles, notamment dans les films du réalisateur Shin Sang-ok, qui deviendra son époux. En l'espace d'une trentaine d'années, elle joue ainsi dans plus de cent-trente films et obtient plusieurs prix réputés, comme le Grand Bell Award de la meilleure actrice.

Après son divorce en 1976, sa carrière est ralentie mais sa renommée reste telle qu'elle suscite l'intérêt de Kim Jong-il, qui voit en son talent la possibilité de servir le cinéma de la Corée du Nord. Il la fait enlever en 1978, ainsi que son ex-mari, Shin Sang-ok, quelques mois plus tard pour les forcer à produire des films de propagande, tout en les autorisant à réaliser des films à visée artistique. Contre toute attente, Choi Eun-hee obtient le prix de la meilleure actrice au Moscow Film Festival en 1985 alors qu'elle est toujours captive.

En 1986, après avoir réalisé de nombreux films pour Kim Jong-il, Choi Eun-hee et Shin Sang-ok, qui ont été forcés de se remarier, parviennent à s'enfuir lors d'un voyage à Vienne et se réfugient à l'ambassade américaine. Après avoir obtenu l'asile politique, ils vivent aux États-Unis pendant une dizaine d'années avant de rentrer en Corée du Sud, où l'actrice décède en 2018, à l'âge de 91 ans.

Bien que le régime nord-coréen ait toujours nié l'enlèvement des deux artistes, prétendant qu'ils étaient venus de leur plein gré, la Corée du Nord est tristement connue pour ses nombreux kidnappings, notamment ceux de citoyens japonais, que le régime destine à enseigner la langue et la culture japonaises à ses espions dans les années 1970.

L'actrice Choi Eun-hee affirme avoir croisé des Françaises durant sa captivité, dans la « résidence des invités » de Pyongyang contrôlée par les services d'espionnage nord-coréens, appuyée par les témoignages d'autres kidnappés ayant réussi à fuir.

L'actrice sud-coréenne Choi Eun-hee et son mari, le réalisateur Shin Sang-ok, en juillet 1989, à Tokyo.

# Les grands classiques du cinéma coréen

Les grands classiques coréens résultent de l'histoire mouvementée qu'a connue la Corée du Sud. Apparu en pleine occupation japonaise, le cinéma a d'abord été un outil de résistance : *Arirang* de Na Un-gyu, premier film nationaliste coréen, en est la preuve. En 1961, le coup d'État militaire renforce la censure, ce qui n'empêche pas la production de classiques comme *La Marche des imbéciles* de Ha Kil-jong ou *La Route de Nampo* de Yi Man-hui.

Le réalisateur Park Chan-wook.

Les années 1980 sont marquées par le soulèvement de Gwangju, un mouvement étudiant et syndical qui s'oppose à la dictature de Chun Doo-hwan après l'assassinat du président Park Chung-hee en 1979. Bien que réprimé par l'armée en mai 1980, le soulèvement, mené par le futur président Kim Dae-jung, participe à la démocratisation de la Corée du Sud. Grâce à la libéralisation politique progressive du pays, l'industrie du cinéma sud-coréen se développe jusqu'à l'apparition de la nouvelle vague sud-coréenne dans les années 2000. La popularité de ce cinéma, qui se caractérise par sa violence, ses retournements de situation et ses personnages moralement ambigus, permet la consécration de réalisateurs et de films – historiques, dramatiques ou de suspense – aujourd'hui cultes.

Parmi ces films, voici quelques exemples : *Joint Security Area*, *Old Boy* et *Mademoiselle* de Park Chan-wook – véritable star dans son pays –, mais également *Frères de sang* de Kang Je-gyu, *Le Bon, la Brute et le Cinglé* de Kim Jee-woon, *A Taxi Driver* de Jang Hoon, *Battleship Island* de Ryoo Seung-wan… sans oublier les films de Bong Joon-ho !

Affiche du film *Old Boy*.

## TOP 6 DES PLUS GRANDS CLASSIQUES DU CINÉMA CORÉEN

### *OLD BOY*

**Année : 2003**
**Genre : Thriller**
**Réalisateur : Park Chan-wook**

L'histoire débute à la fin des années 1980. Oh Dae-su, père de famille menant une vie banale, s'apprête à fêter l'anniversaire de sa fille lorsqu'il est enlevé par un inconnu apparemment sans raison. Durant quinze ans, Oh Dae-su est retenu prisonnier dans une pièce avec pour seule compagnie une télévision, par laquelle il apprend que sa femme a été assassinée et qu'il est le principal suspect recherché par la police.

Pourquoi lui ? Pourquoi tant de souffrance et de mystère ? Après quinze longues années de captivité, Oh Dae-su est soudainement libéré… sans explications, mais avec la rage au ventre.

Ce classique du cinéma sud-coréen est inspiré du *Comte de Monte-Cristo* d'Alexandre Dumas.

### *MEMORIES OF MURDER*

**Année : 2004**
**Genre : Polar dramatique**
**Réalisateur : Bong Joon-ho**

En 1986, des meurtres d'une rare sauvagerie se produisent dans la province du Gyeonggi, terrorisant les habitants de cette paisible campagne. Deux inspecteurs aux méthodes et aux origines diamétralement opposées sont mandatés pour retrouver le mystérieux tueur en série. Alors que l'enquête semble au point mort, les deux policiers commencent à douter de plus en plus…

### *THE HOST*

**Année : 2006**
**Genre : Fantastique**
**Réalisateur : Bong Joon-ho**

Au début des années 2000, les autorités américaines ont créé sans le vouloir un terrible monstre marin en déversant des produits toxiques dans le fleuve Han. Quelques années plus tard, la paisible famille Park, qui tient un petit snack-restaurant sur le bord du fleuve, doit soudainement affronter l'attaque de ce monstre aquatique terrifiant.

Park Gang-du, père célibataire manquant de maturité, arrivera-t-il à sauver sa famille ?

### *MADEMOISELLE*

**Année : 2016**
**Genre : Thriller psychologico-érotique**
**Réalisateur : Park Chan-wook**

L'histoire se déroule dans les années 1930, alors que la Corée du Sud vit sous occupation japonaise.

Un escroc profite de ce climat pour élaborer une arnaque. Opérant sous le nom du « comte Fujiwara », il a pour ambition d'épouser une riche héritière japonaise, Mademoiselle Hideko, vivant dans un gigantesque manoir en compagnie de son oncle.

Pour mener à bien son affaire, le faux comte décide d'engager une jeune femme séduisante, Sook-hee. Sa mission : se faire engager dans le manoir et gagner la confiance d'Hideko.

Mais rapidement, ce plan pourtant bien préparé se met à déraper…

## LEE CHANG-DONG

**Nom en coréen :** 이창동
**Date de naissance :** 01/04/1954
**Film référence :** *Burning*
**Nombre de longs métrages :** 6

Lee Chang-dong possède un parcours atypique. Auteur à succès, cet artiste engagé politiquement lutte avec force dans les années 1980 contre la dictature militaire sévissant dans son pays.

Brièvement ministre de la Culture de 2003 à 2004, il préfère quitter le monde de la politique qu'il déteste pour travailler pleinement sur ses œuvres.

Lee Chang-dong débute tardivement sa carrière de cinéaste, en 1997 avec le film *Green Fish*.

Ce réalisateur poétique propose des films dramatiques offrant une réflexion sans concession sur nos sociétés gangrenées par l'individualisme.

En 2018, son film *Burning* connaît un immense succès critique et populaire à l'international.

Affiche du film *Burning*.

## BONG JOON-HO

**Nom en coréen :** 봉준호
**Date de naissance :** 14/09/1969
**Film référence :** *Parasite*
**Nombre de longs métrages :** 7

Après des études de sociologie, Bong Joon-ho s'affirme très rapidement comme une figure majeure du cinéma coréen, d'abord avec la comédie noire *Barking Dog* (2000), suivie des trois succès critiques et commerciaux *Memories of Murder* (2003), *The Host* (2006) et *Snowpiercer, le Transperceneige* (2013). En 2019, *Parasite*, critique acerbe des inégalités sociales régnant en Corée du Sud, lui vaut la Palme d'or du festival de Cannes, ainsi que quatre Oscars : meilleur film, meilleur réalisateur, meilleur scénario original et meilleur film international. Succès immédiat, *Parasite* est le premier film sud-coréen à rencontrer un tel engouement à travers le monde, tant auprès des critiques que du public.

**D'autres K-réalisateurs à découvrir :**

Hong Sang-soo, le « Claude Lelouch » coréen, spécialiste des films mélodramatiques.

Kim Ki-duk, le « Terrence Malick » coréen, spécialiste des films oniriques et contemplatifs.

Yeon Sang-ho, le « Wes Craven » coréen, réalisateur du célèbre film d'horreur *Dernier train pour Busan* en 2016.

Na Hong-jin, le « David Fincher » coréen, expert dans les thrillers psychologiques.

Kim Seong-hoon, le « Tarantino » coréen, qui aime jouer avec les codes et les genres du cinéma afin d'offrir un succulent spectacle visuel.

# Bong Joon-ho, le réalisateur du film phénomène *Parasite*

En 2020, le cinéma sud-coréen connaît son heure de gloire avec la consécration du film *Parasite*, de Bong Joon-ho.

En plus d'être réalisateur, Bong Joon-ho (diplômé en sociologie par la célèbre université Yonsei) est également scénariste. Son talent a très vite été reconnu, notamment grâce à ses courts métrages primés.

Bong Joon-ho connaît le succès dès 2003, grâce à son deuxième long métrage, *Memories of Murder* : un tueur en série sévit sans laisser de traces et sans que la police parvienne à comprendre son mode opératoire ou à mettre la main sur le moindre indice. Ce film policier dramatique, mené par l'acteur Song Kang-ho et inspiré de l'histoire vraie d'un tueur en série, a rassemblé plus de cinq millions de spectateurs en salle. Bong Joon-ho tourne à nouveau avec son acteur fétiche à l'occasion du thriller fantastique *The Host* en 2006, du thriller de science-fiction *Snowpiercer, Le Transperceneige* en 2013 et, enfin, de *Parasite* en 2019.

Impossible de ne pas s'attarder sur *Parasite*. Ce succès critique et public a enchaîné les récompenses : Palme d'or du festival de Cannes, prix du meilleur film en langue étrangère aux Golden Globes, quatre Oscars, César du meilleur film étranger...

Affiche du film *Parasite*.

Ce thriller politique, qui passe également par la comédie noire et l'horreur, commente la lutte des classes à travers la rencontre de deux familles que tout oppose. Bong Joon-ho y fait le portrait de deux classes sociales qui se méprisent et se dénigrent au point de ne pouvoir coexister dans une société sans merci. Il s'agit d'un portrait perturbant de réalisme de la société coréenne actuelle.

L'acteur Song Kang-ho et le réalisateur Bong Joon-ho, lauréat de la Palme d'or en 2019 pour son film *Parasite* à Cannes, France.

# LA K-BEAUTY À L'ASSAUT DU MONDE !

## Les secrets de beauté ancestraux

La K-Beauty que nous connaissons aujourd'hui prend sa source dans des ouvrages datant de la période Joseon.

Le quotidien des Coréens est régi par les principes confucianistes : la beauté extérieure et la beauté intérieure ne font qu'un. L'aspect extérieur du corps renvoie à son intérieur et vice versa. Ainsi, l'apparence d'une personne est le reflet de son âme. À la lumière de cette pensée, on comprend mieux l'importance que l'apparence physique revêt pour le peuple coréen.

Dans ces textes anciens, on retrouve plusieurs particularités des canons coréens de beauté contemporains, comme la blancheur de la peau, comparée au jade blanc qui est un symbole de pureté et de richesse. À cette époque, on utilisait principalement de la poudre de riz pour blanchir le teint. Les lèvres étaient subtilement teintées de rouge avec des pigments naturels, et les sourcils étaient fins et marqués au charbon. Le maquillage était cependant très peu répandu : il était porté par les femmes nobles, et surtout par les *gisaeng*, qui sont des piliers fondateurs de la beauté coréenne et de ses secrets.

La médecine traditionnelle coréenne considère les problèmes de peau comme des signes d'un déséquilibre physiologique. L'objectif premier des soins de la peau *hanbang* (terme désignant la médecine holistique traditionnelle coréenne) n'est pas de traiter des problèmes de peau spécifiques, mais plutôt d'harmoniser l'organisme pour renforcer ses défenses immunitaires.

Les soins de la peau *hanbang* ont deux fonctions principales :

- rééquilibrer le yin et le yang de la peau pour améliorer la santé ;
- stimuler la circulation du *Qi* et celle du sang. Dans la médecine chinoise, le *Qi* correspond à l'énergie qui circule dans le corps, à la fois en surface et en profondeur, par l'intermédiaire des différents méridiens. Il relie les organes et influe sur la physiologie ainsi que la psyché de l'être humain.

La cosmétique coréenne s'est construite à partir de recettes médicinales ancestrales transmises de génération en génération et influençant les tendances actuelles.

Vous avez probablement déjà vu du ginseng ou du thé vert dans des compositions de soins de la peau, mais en Corée, il existe une grande variété d'autres herbes, racines et fruits qui sont utilisés dans les formules *hanbang*. On assiste aujourd'hui à un retour aux sources des marques de *skincare* (soin de la peau) inspirées par la médecine traditionnelle. Elles créent des produits innovants où la science moderne rencontre d'anciennes traditions.

Produits de soins de la peau coréens avec emballage traditionnel sur l'île de Jeju, Corée du Sud.

Jeju
Deli
제주 델리
청정섬 제주에서 자란 원료로 만든 제주 상품으로
제주의 건강함을 선물해보세요.
innisfree
JEJU HOUSE
BEST

# Les pratiques ancestrales qui ont changé l'histoire de la beauté coréenne

## LE *JODU* : NETTOYANT POUR LE VISAGE

Le *jodu* était un produit populaire à la cour royale. Il prenait la forme de savon en poudre aux propriétés blanchissantes. Pour le fabriquer, il fallait broyer des haricots mungo, des haricots rouges et des graines de soja en poudre fine.

Le *jodu* permettait d'éliminer les cellules mortes de la peau et les impuretés, grâce aux grains, qui stimulent le flux sanguin. Ainsi, la peau était exfoliée et revitalisée.

On pouvait substituer du riz ou du blé à ces ingrédients, relativement onéreux.

## L'EAU DE RIZ ET LA POUDRE DE RIZ : UN SOIN AUX MULTIPLES VERTUS

Secret du teint parfait des Coréennes, le riz est un ingrédient miracle ancestral. Grâce à l'amidon qu'ils contiennent, ses grains ont une vertu matifiante, hydratante, absorbante et éclaircissante. Les soins à base de riz sont très doux et s'adaptent à tous les types de peaux. L'eau du riz est appliquée directement sur la peau, un soin réalisable très facilement. Les archives historiques indiquent que les femmes de Joseon utilisaient également de la farine de riz pour fabriquer des poudres pour le visage.

Poudre de riz.

Armoise.

## LE *MIANSU* : LOTION POUR LE VISAGE

Le *miansu* était fait à base de jus de végétaux à forte teneur en eau comme le concombre, apprécié pour ses propriétés hydratantes, la tomate, le citron, les courges... Il suffisait de les presser pour en extraire le jus à appliquer sur la peau pour une action régénérante. On pouvait également frotter les plantes directement sur la peau.

## LE *MYEONYAK* : CRÈME HYDRATANTE

L'application d'une crème nourrissante appelée *myeonyak*, ou remède pour le visage, est la dernière étape pour un teint rosé et clair. Pour la fabriquer, il fallait mélanger des œufs et du vin, et laisser fermenter la mixture plusieurs semaines – nous avons déjà parlé des bienfaits de la fermentation, pratique très courante en Corée –, en y ajoutant également des huiles, la plus populaire étant l'huile de camélia.

## L'ARMOISE (*SSOUK*) : ALLIÉE DES FEMMES CORÉENNES

L'armoise est une plante médicinale connue depuis des siècles permettant de soigner différentes affections. Elle est très utilisée dans la cuisine traditionnelle ! Cette plante, séchée puis consommée sous forme d'infusion, soulage notamment les douleurs liées aux troubles du cycle menstruel. En cosmétique, l'armoise a de nombreuses vertus : propriétés calmantes, antibactériennes, anti-âge...

De nombreuses archives de la période Joseon recensent les produits utilisés par les femmes dans leurs soins de beauté. On y retrouve notamment le *hwangmil*, ou miel, et la gelée royale, qui étaient appliqués pour donner de l'éclat au visage ; le *jinyu*, ou huile de sésame, était utilisé pour ajouter de la brillance aux cheveux ; les huiles d'abricot et de pêche étaient employées pour leurs propriétés blanchissantes. Ces ingrédients restent d'actualité

# La princesse Hwahyeop

## une vraie *beauty addict*

**Lorsqu'une boîte de maquillage intacte et des accessoires de beauté appartenant à la princesse Hwahyeop, de la dynastie Joseon, sont déterrés en 2016 de sa tombe située à Namyangju, dans la province de Gyeonggi, ils donnent aux Coréens un aperçu de la culture de la beauté à la cour royale.**

La princesse Hwahyeop naît en 1733 du roi Yeongjo, le vingt et unième roi de la dynastie Joeson. Le nom sous lequel nous la connaissons aujourd'hui est en réalité son titre officiel, puisque nous n'avons aucune trace de son nom de naissance. Ce titre, qui signifie « harmonie », lui serait toutefois parfaitement adapté car la princesse était réputée pour sa beauté, qu'elle tenait de sa mère. Elle eut pourtant une enfance difficile marquée par le manque d'amour et les mauvais traitements de son père, dont elle était la septième fille alors qu'il aurait préféré un fils. Mariée à l'âge de onze ans, sa vie sera courte puisqu'elle meurt prématurément de la rougeole à l'âge de 19 ans, en 1752.

En 2015, sa tombe originelle est découverte à Namyangju, les restes de la princesse ayant été déplacés dans les années 1970. On y trouve notamment une pierre tombale identifiant la princesse Hwahyeop, une épitaphe écrite par le roi Yeongjo déplorant sa mort – nous laissant perplexes sur la vraie relation qu'entretenaient le père et sa fille –, ainsi que des accessoires de beauté, dont une boîte de maquillage qui contenait des récipients en porcelaine avec des résidus cosmétiques restés intacts pendant plusieurs siècles. Après plusieurs années de recherche, l'Administration du patrimoine culturel a pu identifier les ingrédients qui auraient été utilisés pour produire le maquillage.

La princesse Hwahyeop aurait dépensé une grande partie de sa fortune en produits de beauté, auprès de vendeuses de maquillage connues sous le nom de *maebungu*. Les *maebungu* vendaient des produits de beauté et des soins de la peau coûteux provenant d'autres régions.

De nombreux résidus identifiés étaient des produits aux propriétés blanchissantes. Les chercheurs ont retrouvé de la cire d'abeille et d'autres matières organiques qui hydratent la peau dans la crème hydratante. En ce qui concerne le rouge à lèvres et le fard à joues, il semble que la princesse ait utilisé une poudre rouge contenant du cinabre, une espèce minérale composée de sulfure de mercure, et du carthame, qui s'apparente au safran. Ils ont également retrouvé un bol en porcelaine rempli de fourmis mortes, dont les scientifiques n'ont à ce jour aucune idée de l'utilité. De nombreux métaux lourds toxiques ont été mélangés aux ingrédients naturels de ces produits pour une meilleure conservation, difficile donc d'envisager aujourd'hui d'élaborer des produits en reprenant la composition exacte.

Pourtant, très rapidement, Cosmax, l'un des plus grands fournisseurs de cosmétiques coréens et créateur de la CC crème et de la *cushion*, recrée une gamme de soin et de maquillage utilisant les ingrédients naturels de son nom, sous la marque Princess Hwahyup – autre orthographe du nom de la princesse. L'objectif est de promouvoir la cosmétique d'inspiration traditionnelle à travers le monde et de transposer les caractéristiques de la beauté royale dans les canons modernes.

Tombeaux royaux à Namyangju Corée du Sud

향로
香路 Incense Road
This is the road for the spirit's incense when the ancestral rite is carried out. Please take a left or right path and use the King's road.

# Le *layering* coréen, le rituel de beauté pour une peau éclatante et saine

De nos jours, les écrits sur la beauté de Joseon ont été remplacés par YouTube et Instagram. Dans la Corée d'aujourd'hui, les femmes et les hommes utilisent de nombreux produits cosmétiques pour avoir une peau saine et belle. Mais souvent, poussés par la pression sociale, les Coréens ont aussi recours à la chirurgie esthétique. En effet, la concurrence est rude pour les jeunes diplômés cherchant à intégrer le marché du travail et, dans une société où l'apparence joue un rôle crucial, la beauté est un élément qui permet de se démarquer.

De nombreuses entreprises de cosmétique coréennes se sont exportées sur le marché international grâce à l'efficacité de leurs produits et à leurs tarifs attractifs. En plus d'utiliser des produits de grande qualité, les Coréennes respectent un processus minutieux en plusieurs étapes alliant les bienfaits de chaque type de produits. La technique du *layering* coréen consiste à appliquer quotidiennement une dizaine de soins à la suite par couches successives sur le visage, avec à la clé une peau saine et radieuse.

Présentation des dix étapes du *layering* coréen :

1 - **Démaquillant :** appliquer un démaquillant à base d'huile sur le visage afin de dissoudre le sébum et le maquillage en douceur, masser en faisant des mouvements circulaires et rincer à l'eau claire.

2 - **Nettoyant :** appliquer un nettoyant sous forme de gel ou de savon afin de se débarrasser des impuretés et des résidus, masser en faisant des mouvements circulaires et rincer à l'eau claire.

3 - **Exfoliant :** l'exfoliant mécanique (avec des grains) ou chimique permet d'unifier le teint et de favoriser le renouvellement cellulaire en débarrassant la peau des cellules mortes. Cette étape est à effectuer deux fois par semaine et à espacer si on a la peau sensible.

4 - **La lotion ou le toner :** les lotions ou toner ont une texture liquide et un effet hydratant et adoucissant. Leur fonction principale est de rééquilibrer le pH de la peau afin de la préparer à recevoir les soins, qui seront mieux absorbés. La « *7-skin method* » consiste à appliquer sept fois d'affilée quelques gouttes de la lotion permettant une hydratation intense. Le toner peut être appliqué à l'aide d'un disque de coton imbibé ou directement avec la paume des mains, en tapotant le visage.

5 - **L'essence :** les essences sont des soins hautement hydratants comparables à de l'eau : c'est la version allégée du sérum. Facilement absorbées par la peau, les essences pénètrent profondément dans l'épiderme et ouvrent les pores pour préparer la peau à recevoir le sérum. Pour l'appliquer sur le visage, il suffit de mettre quelques gouttes d'essence sur le visage ou dans la paume de ses mains et de tapoter doucement jusqu'à absorption complète.

6 - **Le sérum :** les sérums sont des soins à l'action ciblée, hautement concentrés en ingrédients actifs. Ils possèdent une ou plusieurs propriétés combinées : hydratantes, anti-taches, anti-imperfections, anti-âge… Il existe également des ampoules, une version du soin encore plus concentrée. Comme pour l'essence, le sérum est à appliquer directement sur le visage ou sur la paume des mains, en tapotant jusqu'à absorption complète.

7 - **Le masque en tissu :** les masques sont imprégnés de l'équivalent d'une semaine en lotion ou essence, agissant comme de véritables boosters d'hydratation. Cette étape est à effectuer deux à trois fois par semaine, mais une cure de sept jours de masques permet une hydratation profonde.

8 - **La crème hydratante :** cette étape permet de sceller les principes actifs des soins précédents, en fonction du type de peau. On prélève une noisette de crème, que l'on applique sur l'ensemble du visage et du cou, puis on tapote légèrement pour stimuler l'absorption du produit.

9 - **Le contour des yeux :** la peau du contour des yeux étant la plus fine du corps humain, elle requiert un soin particulier et adapté. On applique cette crème sur le contour des yeux uniquement, en évitant tout contact avec les yeux.

10 - **La crème solaire :** porter une protection solaire est indispensable pour préserver la jeunesse et l'éclat de la peau et lutter contre les effets néfastes des UV. Pour finir le rituel du matin, on applique la crème solaire sur l'ensemble du visage et le cou.

# K-FASHION

## L'engouement autour de la K-fashion

Séoul est la capitale coréenne de la mode, tout particulièrement Dongdaemun, son quartier consacré à la mode et aux textiles. De nombreux designers présentent chaque année leurs créations durant la Fashion Week de Séoul.

Il est évident que la vague culturelle coréenne est un facteur de développement pour la K-fashion. Les vêtements et accessoires arborés par les célébrités coréennes dans une émission de télévision, un film ou un clip vidéo deviennent populaires en quelques heures sur les réseaux sociaux. Ces médias participent ainsi à la construction d'une esthétique identifiable et propre à la Corée.

Le quartier de Dongdaemun est l'épicentre de la diversité de la mode coréenne. D'innombrables magasins de gros et de détail y proposent des millions de produits par jour, entre fabricants de tissus et usines de couture. De nombreuses grandes marques coréennes y sont nées. La Corée est une puissance dans le domaine du textile et fait partie des plus grands exportateurs de tissus.

Les créateurs de mode coréens ont l'embarras du choix des matériaux pour leurs créations. Ces tissus sont par ailleurs de grande qualité et bénéficient pour la plupart d'entre eux d'un savoir-faire local et d'un commerce sans intermédiaire, permettant des prix attractifs. Cependant, ces prix bas peuvent engendrer une consommation abusive. En effet, les tendances fashion coréennes changent très régulièrement et les Coréens ne portent souvent que quelques fois leurs vêtements avant de les jeter, ce qui a un impact dévastateur sur l'écologie.

Réelle opportunité pour les designers ambitieux, la mode coréenne doit également sa popularité aux nouveaux créateurs qui rejoignent quotidiennement l'industrie, après des études en Corée ou à l'étranger. Ils font preuve d'une énorme créativité, mélangeant la tradition et la modernité. Dès la première Fashion Week à Séoul, ces créateurs se distinguent par leurs designs colorés aux détails brillants et sont à l'origine des mots K-style et K-fashion. La Corée est une muse pour de nombreux créateurs de vêtements.

*Street wear* à la Fashion Week 2020 de Séoul, Corée du Sud.

C'est un pays qui accorde une grande importance à l'esthétique et valorise ceux qui osent innover. Les vêtements coréens sont conçus pour être portés par le grand public : les designers s'inspirent donc de la haute couture, mais adaptent les vêtements de style *casual wear* à des prix plus attractifs. De plus, l'écosystème digital coréen aide les nouveaux venus dans le secteur de la mode à se faire connaître à moindre coût.

De nombreuses célébrités coréennes portent des designs coréens dans des clips vidéo de K-pop ou dans des K-dramas. Elles participent ainsi à définir les tendances de la mode coréenne. Les membres de divers groupes de K-pop ont contribué à la croissance des grandes marques locales. Par ailleurs, de nombreuses *idols* deviennent les ambassadrices de grandes marques internationales telles que Chanel, Dior, Louis Vuitton... Cette tendance témoigne de la popularité croissante du pays dans le milieu de la mode.

# Les 10 marques coréennes à suivre

La Fashion Week, événement rythmant deux fois par an le monde de la mode, est encore connue à travers les grandes villes considérées comme « capitales » du style et de la haute couture : New York, Londres, Milan et, bien entendu, Paris. Apparemment indétrônables, ces pôles majeurs commencent pourtant à être rattrapés par d'autres regorgeant de créateurs tous plus remarquables les uns que les autres, à commencer par Séoul.

Au cours de ces dernières années, la Fashion Week de Séoul a su s'imposer dans le paysage de la mode, jusqu'à devenir un phénomène mondial. Réputés pour leur avant-gardisme et leur engouement pour le streetwear, les sneakers et les coupes *oversize*, les Sud-Coréens sont désormais passés maîtres dans le lancement de tendances. Il n'y a qu'à voir les groupes de K-pop BTS et Big Bang, ou les K-rappeurs Dean et Sik-K, pour qui les controversées « dad shoes » sont depuis bien longtemps incontournables, pour s'en rendre compte. Une tendance après l'autre, Séoul est ainsi en bonne voie pour devenir LA capitale de la mode en Asie du Sud, dépassant même Tokyo. À travers 10 marques incontournables, de Ader ERROR à YOUSER, en passant par JUUN.J, voici les futures tendances du Pays du matin calme.

### Ader ERROR

Créée à l'initiative d'un collectif de designers anonymes en 2014, Ader ERROR est certainement la marque coréenne la plus connue en Europe – notamment grâce à une collaboration avec Puma en 2019. Arborée entre autres par le rappeur Orelsan dans le clip *Rêves bizarres* (en collaboration avec Damso), ce label de streetwear unisexe cherche à revisiter de manière novatrice les vêtements du quotidien, à travers des coupes minimalistes et épurées et des tons essentiellement primaires.

**Site web : adererror.com**
**Instagram : @ader_error**

### CHARM'S

Très présente dans les clips d'idols, CHARM'S est l'une des marques les plus convoitées de la communauté K-pop. Incarnant parfaitement le style sportif et coloré omniprésent dans la culture coréenne, le label renforce également son positionnement dans la « logomania » – signature des marques dans les années 1990, notamment incarnée par la méduse de Versace ou les deux F de Fendi – par une collaboration avec la célèbre marque de streetwear italienne Kappa depuis plusieurs saisons. Également présent sur les podiums de la Fashion Week à Séoul, le label s'y fait remarquer par des coupes plus structurées et des formes classiques réinterprétées.

**Site web : store-charms.com**
**Instagram : @official_charms**

### CRES. E DIM

Le nom CRES. E DIM est issu de l'expression musicale *crescendo* e *diminuendo*, ces deux termes signifiant respectivement « qui devient progressivement plus fort » et « qui devient progressivement plus doux ». C'est sur cette formule que le créateur de la marque a basé son identité créatrice et sa philosophie : en utilisant différents types de tissus recouvrant le corps de ses modèles, ainsi qu'en expérimentant avec les formes et les couleurs pour donner rythme et vitalité au rendu final, il crée de nouvelles silhouettes féminines. Il existe également une seconde ligne à la marque, DIM. E CRES, qui se veut quant à elle mixte et disponible à un prix plus abordable.

**Site web : cresedim.com**
**Instagram : @cresedim**

### D-ANTIDOTE

Très réputée en Corée du Sud, notamment grâce à ses nombreuses collaborations avec la célèbre marque italienne Fila, D-Antidote est particulièrement populaire auprès de nombreuses stars de K-pop. Le label est résolument unisexe, et croise ainsi les vêtements masculins et féminins en bousculant les stéréotypes. Parmi ses sources d'inspiration, D-Antidote puise aussi bien du côté de Séoul que de Londres, jouant ainsi sur les points communs existant dans les codes et les tendances des deux villes.

**Site web : d-antidote.com**
**Instagram : @d_antidote**

### HUPOT

HUPOT, dont le nom fait référence à l'expression *human potential*, est créée en 2008 par un collectif animé par l'idée que le potentiel humain est illimité et que chacun peut réaliser ses rêves. Très idéaliste et optimiste, la marque fait ainsi primer la qualité sur la quantité et valorise des motifs uniques, susceptibles d'attirer l'œil immédiatement. Résolument orientées streetwear, les collections se démarquent entre autres par des matières réfléchissantes et déperlantes, constituant ainsi un vestiaire simple mais efficace.

**Site web : hupot.net**
**Instagram : @hupot_official**

### HYEIN SEO

Savant mélange entre extravagance, féminité et streetwear, Hyein Seo apparaît sur le devant de la scène en 2017 par l'intermédiaire de la plateforme VFiles, mettant en avant les différents acteurs de la mode new-yorkaise. La marque attire l'œil de la styliste de Rihanna, puis de *it-girls* comme Kendall Jenner ou Iggy Azalea, ce qui lui offre une diffusion assez large. Le label se caractérise essentiellement par des slogans accrocheurs – dont le fameux « School Kills » – et une gamme monochrome.

**Site web : hyeinseo.com**
**Instagram : @hyeinantwerp**

### IISE

Chaque pièce de IISE – dont le nom signifie « la deuxième génération » – est confectionnée à Séoul selon une combinaison de tissus et techniques typiquement coréens, dans une esthétique alliant designs modernes et traditionnels. La marque livre ainsi sa propre interprétation du patrimoine coréen, en lui conférant une note contemporaine et urbaine.

**Site web : iise.co**
**Instagram : @iiseseoul**

### JUUN.J

Séoul est une capitale ultra-connectée et c'est en accord avec cet esprit empreint de modernité que Jung Wook – créateur de JUUN.J – propose des modèles illustrant sa vision futuriste, remettant en question les stéréotypes de genre et réinterprétant les classiques selon une esthétique streetwear. Ses pièces sont parfois rapprochées de celles du créateur belge Raf Simons, notamment en raison de leurs jeux de drapés.

**Site web : juunj.com**
**Instagram : @juun_j**

### PUSHBUTTON

Fondée par l'ancienne star de K-pop Park Seung Gun, PushBUTTON tient son nom de paroles cultes de la chanson *Hollywood* de Madonna. Avec ses silhouettes ludiques et juvéniles, il s'agit de l'un des labels streetwear émergents les plus intrigants. La marque a eu l'occasion de défiler pour la première fois à Londres en 2018.

**Site web : pushbutton.co.kr**
**Instagram : @pushbutton_official**

### YOUSER

YOUSER est une combinaison des mots anglais you et user, nom mettant en valeur l'importance de la relation entre designers et consommateurs. La marque est notamment connue pour ses vêtements très versatiles, adaptables grâce à des sangles et des cordons, leur permettant ainsi de s'accommoder au style de vie et aux goûts personnels de chaque individu.

**Site web : youser.co.kr**
**Instagram : @youser_official**

# Miss Sohee,

## une créatrice coréenne en vogue

**Sohee Park, plus connue sous le nom de Miss Sohee, est une talentueuse créatrice coréenne. Elle grandit à Séoul et se passionne pour la haute couture à l'âge de quatorze ans en découvrant le défilé Printemps-Été 2012 de Chanel. On peut d'ailleurs constater l'influence de Chanel dans ses créations, qui sont élégantes, classiques et intemporelles.**

Diplômée de la Central Saint Martins, prestigieuse école d'art et design londonienne, elle est maintenant basée dans l'ouest de Londres.

Miss Sohee propose une mode « semi-couture ». Elle présente sa première collection, « The Girl In Full Bloom », basée sur le concept de l'évolution de fille à femme, à la Fashion Week Automne-Hiver de Milan en 2020. Elle y rencontre un véritable succès et ses créations font la couverture de magazines incontournables comme *Vogue* et *Vanity Fair*. Son travail parvient même à séduire des stars comme Miley Cyrus, Ariana Grande, Naomi Campbell, Lisa du groupe Blackpink, Bella Hadid et Cardi B.

Miss Sohee est une véritable artiste qui privilégie dans son esthétique un jeu sur les volumes et les formes, souvent très extravagantes, mais aussi extrêmement colorées et détaillées. Son originalité et sa créativité s'accompagnent d'une inspiration puisée dans ses origines coréennes. Elle travaille notamment autour du *minhwa*, la peinture folklorique coréenne très répandue durant la période Joseon, et plus précisément le *janghodo*. Le *janghodo* est un genre de peinture où sont représentés une pie et un tigre, que vous pouvez retrouver sur ses robes. Moins présent aujourd'hui, le tigre vit dans certaines parties de la Corée et a marqué sa culture, qui a utilisé cet animal dans diverses symboliques. D'un côté, il peut être un symbole positif, représentant la force physique et la protection contre le mauvais sort. De l'autre, il représente le pouvoir égoïste et l'aristocratie, ennemis du peuple, qui aspire à plus d'égalité et de justice, et qui est alors représenté par la pie, ignorée par le félin.

C'est toutefois dans un tout autre domaine que Miss Sohee va puiser son inspiration pour sa participation à sa deuxième Fashion Week, celle de l'Automne-Hiver 2021. Elle replonge en enfance pour incarner dans ses créations les *haenyeo*, littéralement « femmes de la mer », des plongeuses de l'île Jeju chargées de récolter des coquillages, dont elle a déclaré admirer le mode de vie, en harmonie avec l'océan. De ces muses naissent alors des éléments d'inspiration aquatique qui vont venir orner ses créations. Elle propose ainsi des robes en forme de coquillages, croisées avec des combinaisons noires très ajustées, rappelant les tenues de plongée.

Soucieuse du développement durable de l'industrie du textile, elle s'est naturellement orientée vers la haute couture, où il n'y a pas de production de masse et où elle utilise uniquement ce qui lui est nécessaire. La créatrice incorpore des tissus d'origine locale et traditionnelle comme le *Hansan Mosi*, un tissu en ramie fine de la région de Hansan, mais également des tissus recyclés à partir d'invendus de Dolce&Gabbana.

Gemma Chan portant une robe de Miss Sohee ornée de cristaux Swarovski sur le tapis rouge du Rome Film Festival 2021.

# SOCIÉTÉ ET TRADITION

# MODE DE VIE

## La famille, objet de tous les sacrifices

### LE *JEONG* : L'INDIVIDU AU SERVICE DE LA COMMUNAUTÉ

Le terme *jeong* est caractéristique de l'esprit de la péninsule coréenne. Il évoque en premier lieu la bienveillance et l'attention portée à autrui. Le *jeong* est considéré comme une émotion collective qui s'accomplit dans les interactions humaines ou dans la simple présence d'une autre personne ; elle est dirigée vers le bien du groupe, de la communauté et, par extension, de la nation.

Le *jeong* n'a pas de définition fixée, même en coréen, et son sens est généralement exprimé à travers l'expérience. On peut le décrire comme un sentiment d'amour, de sympathie ou d'attachement entre des individus ; il se retrouve dans de nombreuses facettes de la vie quotidienne et peut également s'appliquer aux animaux de compagnie ou aux objets à valeur sentimentale.

Le caractère unique du *jeong* réside à la fois dans son omniprésence et dans sa source : il s'appuie sur la tradition coréenne de responsabilité sociale collective, où la communauté prime sur l'individu.

Un couple coréen joue au jeu traditionnel coréen *tuho* (*pitch-pot*) au sanctuaire de Gyeonggijeon.

Un couple habillé de *hanbok* est assis devant
le palais Gyeongbokgung.

# Les *ajumma*

**L'appellation *ajumma* signifie littéralement « femme mariée qui a eu son premier enfant ». Elle désigne les baby-boomeuses sud-coréennes, nées pendant ou juste après la guerre de Corée. Après une enfance rude dans un pays en pleine reconstruction, ces femmes ont souvent connu une vie d'adulte peu agréable, devant entièrement se dévouer à leur foyer, leur mari, leurs enfants et leur belle-famille... Un travail souvent invisible pour la société.**

## *AJUMMA, AJUMEONI* OU *EOMONIM* ?

*Ajumma* est un terme proche d'*ajumeoni*, qui désigne également les femmes âgées, mais de manière plus respectueuse. À moins d'être beaucoup plus âgée ou socialement plus élevée que son interlocuteur, il est probable qu'une femme s'offusque d'être appelée *ajumma*. D'abord simple appellation amicale, au fil du temps, *ajumma* a en effet pris une forte connotation péjorative, surtout lorsqu'elle est utilisée pour qualifier une inconnue. Par conséquent, il est préférable d'utiliser *ajumeoni*, ou *eomonim* – un terme respectueux permettant de désigner la mère de quelqu'un d'autre.

## QU'EST-CE QU'UNE *AJUMMA* ?

À l'origine, l'*ajumma* est une femme mariée avec des enfants, mais qui n'est pas encore grand-mère. Par extension, le terme comprend les femmes âgées que l'on qualifierait de « mégères ». Ce vocable regroupe ainsi pas moins de 10 millions de personnes en Corée, soit un cinquième de la population. Si pendant très longtemps elles ont été raillées comme parfait contre-exemple de la bienséance, il existe depuis quelques années un mouvement de réhabilitation de ces femmes qui ont sacrifié leur vie pour leur famille. Mettant leur indépendance de côté, elles ont pris le rôle d'épouse, de mère et de belle-fille.

La belle-fille a en effet une place très particulière dans la famille coréenne. Dans l'imaginaire collectif, il est normal qu'une belle-mère traite sa belle-fille comme une domestique, sur qui elle peut se venger des maltraitances subies lorsqu'elle était elle-même jeune épouse.

## UN PUR PRODUIT DE LA SOCIÉTÉ CORÉENNE

L'*ajumma* est le produit d'une société oppressive, sexiste et profondément traditionnaliste ; elle a sacrifié sa vie pour devenir une femme ringarde et asexuée aux yeux des autres, effacée au profit de son foyer. Poussée vers la sortie de son entreprise à l'arrivée du premier enfant, l'*ajumma* en devenir se consacre alors corps et âme à sa famille et ne reprend le travail que vers la cinquantaine, lorsque ses enfants ont fini leurs études. Dernières embauchées, premières renvoyées, les *ajumma* doivent se contenter d'emplois nocturnes, saisonniers ou à temps partiel. En permanence sous tension, elles sont une population à risque pour de nombreux cancers et souffrent très souvent d'hypertension et de troubles mentaux. Depuis quelques années, ces femmes se sont toutefois libérées de leurs carcans.

Marché aux poissons de Jagalchi à Busan, en Corée du Sud. Il s'agit de l'un des plus grands marchés aux poissons de Corée, avec des restaurants de fruits de mer frais, de la nourriture de rue et des magasins.

다보니
JEJU FLO
무안 흙사랑농원의
삼부자 황토
고구마
SWEET POTATO
10 kg

## *DOLJANCHI* : LA CÉRÉMONIE DU PREMIER ANNIVERSAIRE

En Corée du Sud, le premier anniversaire, que l'on appelle *Dol*, ou *Doljanchi*, littéralement « anniversaire » (*Dol*) et « banquet » (*Janchi*), est un évènement très important, bien plus que dans les sociétés occidentales où il est peu codifié et généralement célébré en famille. C'est au XVIIIe siècle que la tradition du *Doljanchi* apparaît en Corée. La mortalité infantile est alors particulièrement élevée (elle le reste jusque dans les années 1950), et il est rare qu'un nourrisson survive à sa première année. Ce premier anniversaire est ainsi un véritable soulagement, une victoire qu'il est important de célébrer. Aujourd'hui, avec les progrès de la médecine, cette fête perd son sens premier et est ainsi de moins en moins pratiquée. Traditionnellement, le bébé est habillé d'un *hanbok* et coiffé d'un chapeau ; il reçoit des cadeaux de la part des invités et de ses parents. Cet évènement comprend généralement un banquet, suivi du clou des festivités : le *Doljabi*. L'enfant est alors placé devant divers objets, et les parents l'encouragent à en choisir un. L'objet attrapé par le bébé révèle sa destinée.

Traditionnellement, les objets proposés à l'enfant étaient :

**L'argent :** L'enfant sera riche et prospère.

**Le riz :** L'enfant ne manquera jamais de rien.

**Le pinceau et le papier :** L'enfant sera savant.

**Le fil ou les nouilles :** L'enfant vivra longtemps.

**L'arc et les flèches :** L'enfant sera soldat.

Aujourd'hui, ils sont bien souvent remplacés par des objets contemporains, dont la symbolique est plus spécifique et reflète les aspirations professionnelles des parents pour leur enfant :

**Le stéthoscope :** L'enfant sera médecin.

**Le micro :** L'enfant sera artiste.

**Le marteau :** L'enfant sera juge, avocat.

**L'argent :** L'enfant sera banquier, entrepreneur.

**Le ballon :** L'enfant sera sportif.

**La souris d'ordinateur :** L'enfant sera ingénieur.

**Le crayon :** L'enfant sera professeur.

Comme vous l'aurez compris, la liste peut être plus longue encore ! Le *Dol* est avant tout une bénédiction, un vœu de bonheur et de bonne santé pour le nouveau-né, qui cristallise les espoirs que les parents placent en leur enfant. Cette cérémonie témoigne de l'attachement des Coréens aux rites et aux traditions, mais aussi de l'importance de la question de l'avenir.

Décoration de la fête traditionnelle coréenne *Doljanchi*.

# Au cœur des relations

## LE *HONJOK* : L'ART D'ÊTRE SEUL

Terme popularisé *à partir de* 2017, *honjok* désigne les personnes qui profitent de leur indépendance en entreprenant volontairement seules des activités comme manger, boire, ou voyager. Le style de vie *honjok* est considéré comme un changement significatif dans la société sud-coréenne, traditionnellement axée sur le groupe.

### Le refus d'une structure traditionnelle

Le terme *honjok* provient de la contraction de deux termes : *honja*, qui signifie « seul », et *jok*, qui veut dire « tribu ». Les principes portés par le mouvement *honjok* s'opposent ainsi à l'idée traditionnelle que l'on se fait de la famille et du bonheur. Il est né d'une vague de féminisme en Corée du Sud, en opposition à la société poussant les femmes à devenir des épouses et des mères avant tout.

Plus récemment, une toute nouvelle nomenclature a vu le jour pour décrire les femmes *honjok* : les *honyeo*. Parmi les *honyeo* se trouvent les *bihon*, celles qui refusent le mariage et l'éducation des enfants. À l'extrême se trouvent les « 4B » ou « Four No's », renonçant au sexe, à l'éducation des enfants, aux rencontres et au mariage.

### Une prise d'importance de l'individu

Les *honjok* rejettent les valeurs sociales collectives, célébrant l'individu avant la communauté. Cette pratique affirme qu'être seul ne conduit pas nécessairement à la solitude, et que faire la différence entre les deux est la clé pour être heureux et se sentir bien dans sa peau. Le *honjok* est une invitation à profiter de la solitude et à réfléchir à qui nous sommes vraiment, une démarche de réflexion en accord avec le développement personnel, et qui va à l'encontre des normes sociales et confucéennes établies en Corée.

En opposition à l'idée selon laquelle les moments contemplatifs seraient une perte de temps, investir dans l'autoréflexion pour développer la conscience de soi et la compassion aiderait au contraire à gagner du temps. Ce processus permet en effet d'acquérir une meilleure compréhension de ce qui compte vraiment, afin de pouvoir y investir son énergie.

L'ouvrage *Honjok : Le secret des Coréens pour vivre heureux dans la solitude*, aux éditions Leduc, traite de ce mouvement qui embrasse un individualisme émergent et permet de s'épanouir dans la solitude.

## LE *NUNCHI* : UN SIXIÈME SENS ESSENTIEL

Pour comprendre ce qu'est le *nunchi*, il suffit de s'intéresser aux deux parties qui composent le mot : *nun* (« l'œil ») et *chi* (« la mesure »). Ce terme désigne la capacité à comprendre le ressenti de son interlocuteur, ainsi que sa propre place dans l'interaction.

### La clé des interactions sociales

Le *nunchi*, c'est donc comprendre les sentiments de l'autre en analysant ses réactions, pour améliorer ensuite les interactions. S'il peut être associé au concept occidental d'intelligence émotionnelle, le *nunchi* va bien au-delà, et peut être considéré comme un véritable sixième sens. Il faut être capable d'analyser les expressions et les paroles de ses interlocuteurs. L'observation et l'écoute sont les principales valeurs du *nunchi*, mais elles ne représentent que la moitié du travail. La partie essentielle est de savoir adapter une réponse pertinente en fonction de ce qui a été observé. Le *nunchi* ne s'évalue pas en termes de qualité, mais de rapidité.

### Une pratique à cultiver

Nous avons tous recours à ces techniques au quotidien, plus ou moins consciemment. Mais la pratique du *nunchi* requiert un entraînement constant et conscient ; cela va au-delà d'une simple question d'instinct. Que vous le pratiquiez en famille pour éviter une discussion fâcheuse, ou lors d'un entretien d'embauche, pour convaincre vos futurs employeurs, il vous sera toujours utile.

Dans la société coréenne, très codifiée et où il est difficile de se démarquer professionnellement, le *nunchi* constitue une véritable arme sociale. Un proverbe coréen affirme d'ailleurs que « celui qui possède un *nunchi* rapide peut manger des crevettes dans un monastère ». Cela signifie qu'avec le *nunchi*, tout est possible, puisqu'on ne consomme normalement ni viande ni poisson dans les monastères bouddhistes.

## LE *GIBUN* : L'ATMOSPHÈRE

Le *gibun* est une partie de la culture coréenne qui, bien que peu mentionnée, est tout aussi importante que les autres. Elle se rapproche de l'humeur.

### Le *gibun*, clé de l'harmonie sociale

*Gibun*, parfois écrit *kibun*, est l'humeur d'une personne, l'atmosphère d'un groupe ou d'un lieu. Il détermine les relations interpersonnelles et comment maintenir l'harmonie avec les autres.

*Le gibun* désigne un état émotionnel relativement long, et non pas spécifiquement lié à un évènement. C'est plutôt une musique de fond qui donne l'ambiance et détermine l'atmosphère. Par exemple, vers la fin de l'année, les Coréens entrent dans un « *gibun* de fin d'année », voulant qu'ils se concentrent sur le maintien d'anciennes relations au lieu d'en créer de nouvelles.

### Lire le *gibun*

Le *gibun* le plus facile à déchiffrer est un « mauvais *gibun* » qui sera indiqué par un teint fatigué, des cernes, une faible énergie, des réponses courtes et un ton bas. À l'opposé, on peut lire un « bon *gibun* » dans un teint frais et un ton enjoué. Il faut maîtriser le *nunchi* pour lire le *gibun*.

Lorsque vous interagissez avec quelqu'un, il faut laisser de côté vos idées préconçues, et utiliser vos sens afin de lire le *gibun* de votre interlocuteur. Commencez par le visage : certains signes, comme les cernes sous les yeux, peuvent vous en dire beaucoup sur le *gibun*. Il faut également faire attention au langage corporel, comme la posture et les gestes de la main, et être à l'écoute du volume et de l'intonation de la parole.

Il s'agit de mobiliser son empathie pour évaluer le ton de l'interaction : est-il négatif ou positif ? En écoutant quelqu'un, demandez-vous ce qu'il ressent, ce qu'il pense et ce qu'il souhaite.

## LE *PUNGSU* : L'HARMONIE DANS L'ESPACE

La géomancie coréenne, que l'on appelle également *pungsu*, désigne l'ensemble des croyances d'inspiration taoïste qui agissent sur certaines dimensions de nos vies, comme la santé, la richesse et le bonheur. Cet art ancien de la divination consiste à placer ou à organiser propicement des bâtiments ou des sites en fonction de la topographie. Il guide ainsi la construction, l'emplacement, la distribution, la proportion et les caractéristiques que les villes, ou encore les lieux de sépulture, doivent avoir.

### Une pratique venue de Chine

Le *pungsu* est arrivé en Corée avec les croyances taoïstes de Chine sous le nom de *feng shui*. On sait que certains érudits coréens de la période des Trois Royaumes de Corée (fin 668) et du Silla unifié (668-935) ont étudié le taoïsme chinois, où la pratique du feng shui est très importante. La première référence au *pungsu* est attribuée au moine Doseon Guksa (826-898), qui vécut entre la fin de la dynastie Silla (57 av. J.-C.- 668) et le début de la dynastie Koryo (918-1392). Il a ajouté des éléments bouddhistes au *pungsu*, contribuant ainsi à sa vulgarisation. Dès lors, l'utilisation du *pungsu* lors de projets de construction est devenue très courante.

### Privilégier l'harmonie entre la nature et l'homme

Le *pungsu*, dont la traduction littérale est « vent et eau », part de la croyance que la terre est la mère de toutes choses et dégage plus ou moins d'énergie selon chaque lieu et son orientation. Cette énergie affecte tous les êtres et les éléments qui nous entourent ; elle est libérée des relations entre le ciel, au caractère masculin, et la terre, au caractère féminin, qui affectent tout. Les Coréens croient depuis longtemps que l'harmonie entre les évènements naturels tels que le temps et les changements de saisons, ainsi qu'entre les caractéristiques géographiques de son environnement immédiat comme les montagnes, les lacs et la terre, affecte la santé et le bonheur des humains.

### Élire un lieu propice

L'analyse et le traitement de cette énergie lors de la construction d'un bâtiment, et les caractéristiques que celui-ci doit avoir, constituent l'objet principal du *pungsu*. S'il est construit au mépris des principes *pungsu*, les malheurs et les mauvais esprits risquent d'y être attirés. Le cœur de cette croyance est de construire sa maison sur un bon *myeongdang*, ou site de bon augure : y vivre toute sa vie et y être enterré apportera la paix et la prospérité, non seulement à soi-même, mais aussi à sa descendance.

Un exemple probant est l'élection de Hanyang, l'actuel Séoul, en 1392, comme nouvelle capitale de la dynastie Joseon naissant cette même année. Le nouveau roi, Taejo, aurait longuement discuté de l'emplacement de la cité avec des géomanciens. Hanyang a été choisi pour son emplacement : entouré de montagnes et traversé par le fleuve Han et le ruisseau Cheonggyecheon. D'autre part, la plupart des tombes royales de la dynastie Joseon sont situées à Séoul de manière stratégique, en suivant fidèlement les principes du *pungsu*.

Statue royale de la dynastie Joseon.

Le roman *Le Jardin interdit* de Kim Da-eun (éditions L'Atelier des Cahiers) déroule son intrigue historique dans les années 1920. Durant la période de colonisation japonaise, le gouverneur-général nippon qui dirige le royaume de Joseon veut construire une « maison de vie » pérenne dans l'enceinte du palais Gyeongbokgung. Il fait appel au géomancien Kim, qui doit alors faire face à un dilemme éthique devant la politique coloniale.

Les tombeaux royaux de Seonjeongneung, au cœur du centre de Séoul.

## L'UNIVERSITÉ, MARQUE DE RÉUSSITE SOCIALE

Le *suneung* est l'aboutissement des quinze années d'études des élèves sud-coréens. Comparable au baccalauréat, il a lieu tous les ans, le même jour pour toutes les écoles du pays.

### L'éducation au cœur de la société coréenne

Ce test a un impact culturel énorme sur la société, et est tout à fait représentatif de l'importance de l'éducation. Par exemple, les policiers sont mobilisés toute la journée pour accompagner les retardataires à leur établissement. De la même manière, les horaires de bureau sont décalés pour ne pas créer d'embouteillages. Les transports en commun voient eux aussi leurs horaires modifiés.

On peut se poser la question suivante : pourquoi tant d'efforts pour cet examen ? La réponse est simple : étudier dans l'une des trois universités les plus prestigieuses du pays est la plus grande marque de réussite sociale en Corée du Sud.

Classement des 5 meilleures universités coréennes au niveau national selon le QS ranking 2021 :

- Seoul National University
- Korea advanced institute of Science and Technology
- Korea University
- Pohang University
- Yonsei University

### La jeunesse, moteur du développement

Les origines de cette vision de la réussite sont nombreuses et nous y avons déjà fait allusion : après avoir été dévasté par la guerre de Corée, le Sud s'est relevé en mettant en place une nouvelle stratégie d'éducation car il voyait en sa jeunesse le moyen de renaître. À cela, nous pouvons ajouter la forte influence confucéenne qui place l'éducation au premier plan.

### Que se passe-t-il ensuite ?

On peut aussi se poser la question de la vie de l'étudiant à l'université une fois qu'il a été admis. En effet, même s'ils étudient beaucoup (il suffit d'aller dans les cafés proches des universités pour s'en rendre compte), force est de constater que le rythme est bien moins soutenu qu'au lycée : « le plus dur, c'est d'y entrer ». Et finalement, le plus important n'est pas la spécialité, mais le nom de l'école sur le diplôme.

Un diplôme prestigieux, mais pour en faire quoi ? Les jeunes gens diplômés de ces grandes universités intègrent généralement des *chaebol* par la suite. Après avoir vécu des années plus calmes à l'université, ils se retrouvent alors dans le monde du travail où, pour certains, un rythme de travail frénétique redevient la norme : plus rapide, plus exigeant, plus envahissant.

Ewha Womans University.

9
10
7
8
5
6
3
4

# Ewha Womans University

**Le 31 mai 1886, Mary Scranton, une missionnaire de l'église méthodiste épiscopalienne venue des États-Unis, crée l'Université féminine d'Ewha, ou Ewha Womans University. Son objectif est de dispenser aux femmes une éducation complémentaire à celle en vigueur à l'époque, et couvrant toutes les années d'études de la maternelle à l'université. Aujourd'hui encore, l'Ewha Womans University est organisée sur le principe d'une fondation divisée en plusieurs départements, de l'école primaire à l'université. Elle est connue sous le nom de l'Ewha, ou Idae, abréviation de Ihwa Yeoja Daehakgyo.**

Premier établissement d'enseignement supérieur fondé en Corée du Sud, Ewha demeure l'une des meilleures universités du pays. Les hommes coréens ne sont pas autorisés à y étudier : seuls les étudiants étrangers peuvent y être admis.

Ewha reste très prestigieuse en Corée du Sud, à tel point que les listes d'attente pour les admissions à l'école maternelle contiennent des noms de familles dont l'enfant n'est pas encore née ! Elle est classée 9e parmi les universités de Corée en 2018, soit 299e au niveau mondial.

Cette université est aussi étroitement liée à la France ! Son principal bâtiment, l'ECC, fut construit entre 2004 et 2008 et imaginé par l'architecte français Dominique Perrault. L'ECC est composé de deux bâtiments qui émergent de chaque côté d'une large entaille, et dont les murs en verre donnent sur l'extérieur.

En avril 2022, le défilé de la collection automne de Dior s'est tenu dans ce bâtiment. Une première, à la fois pour la marque, pour l'université et pour la Corée du Sud.

ECC Ewha Womans University.

# L'industrie coréenne

## LES *CHAEBOL*

Avant la Seconde Guerre mondiale, le Japon disposait de quelques très grandes entreprises dans quasiment tous les secteurs de son économie. On les appelait les *zaibatsu*. Après l'occupation américaine, ces dernières se sont dissoutes pour renaître plus tard sous le nom de *keiretsu*. L'occupation japonaise durant la première moitié du XX^e^ siècle favorise l'émergence de ce que l'on appelle en Corée du Sud les *chaebol*, très similaires aux *zaibatsu/keiretsu*. Le confucianisme, et plus particulièrement l'une de ses vertus fondamentales, la piété filiale, joue également un rôle majeur dans leur apparition.

### Des dynasties industrielles

Mais alors, que sont exactement les *chaebol* ? En Corée du Sud, il existe environ une trentaine d'entreprises que l'on peut qualifier de *chaebol*. Samsung, Hyundai ou encore LG (pour n'en citer que quelques-unes) en font partie. Ces entreprises ont toutes plusieurs points communs : ce sont des groupes familiaux – on les appelle souvent des entreprises dynastiques – qui se sont développés dans de nombreux secteurs de l'économie sud-coréenne, et même internationale. Ils exercent un fort contrôle sur leurs filiales. Pendant longtemps, ces entreprises ont été considérées comme le moteur fort du développement de l'économie. Encore aujourd'hui, alors que la micro-économie est fortement touchée par la crise du Coronavirus – en se baladant dans les rues du quartier de Hongdae on ne peut que constater le nombre de petits commerces qui ont fermé – ces conglomérats ont réussi à maintenir le PIB du pays à un niveau élevé et à lui éviter une crise économique plus grave encore.

### S'unir pour mieux régner

Pour ces grands groupes, travailler en partenariat se révèle être bénéfique puisque cela leur permet de créer de puissants lobbys dans leurs secteurs d'activités. Même si elles ont parfois les faveurs des gouvernants et des banques, ces entreprises doivent se plier aux lois et politiques publiques en vigueur. Ainsi, l'union fait la force. Cependant, les avantages dont elles bénéficient font polémique ; à tel point que leur réputation ne cesse de décroître, notamment du fait des scandales de corruption qui ont éclaté ces dernières années.

Gangnam, la « rive Sud », incarne une certaine idée de la réussite coréenne. Sans rougir, le quartier assume son statut de carrefour du business rayonnant dans le monde entier.

## TRAVAILLER DANS UNE ENTREPRISE EN CORÉE

C'est assez connu : les Coréens travaillent beaucoup. En 2020, la Corée du Sud occupait la deuxième place du classement des pays aux horaires de travail les plus longs au monde. On estime que la moyenne de temps de travail d'un Coréen est de soixante heures par semaine ! Bien loin des trente-cinq heures que nous connaissons en France.

### Rêve ou cauchemar ?

Le terme « Hell Joseon » est devenu populaire vers 2015. Il est utilisé pour critiquer la situation socio-économique en Corée du Sud. « Hell » et « Joseon » signifient que « la Corée du Sud est une société infernale et sans espoir ». L'expression a été utilisée pour exprimer une opposition à des politiques gouvernementales qui contribuent au chômage des jeunes, aux inégalités économiques, au temps de travail excessif, à la pauvreté, etc.

La Corée est tristement connue pour son taux de suicide élevé. De ce fait, les entreprises et le gouvernement réfléchissent à des mesures pour alléger la pression au travail.

Malgré les effets négatifs de cette culture du « travail acharné », ce modèle de vie a contribué à sortir la Corée du Sud de la pauvreté et à en faire l'un des pays les plus riches au monde en quelques décennies. Il n'est donc pas étonnant que cette culture soit encore valorisée dans les entreprises coréennes.

### *Pali pali !*

Obtenir un poste dans un *chaebol* est considéré comme un honneur. C'est aussi la promesse d'un salaire important, d'un accès préalable aux plus grandes innovations du marché et la possibilité d'avoir une carrière plus stable. Mais travailler dans un *chaebol* a un prix. Au travail, les Coréens ont la réputation d'être toujours pressés et assez impatients. Les délais pour réaliser une tâche sont souvent courts et le désir de résultats rapides est clair. *Pali pali !* – « vite, vite ! », en français – est un système qui force les Coréens à produire vite, en donnant toujours le meilleur d'eux-mêmes.

### Le poids de la tradition dans la hiérarchie

Les Coréens peuvent être assez francs, voire maladroits. Dans le cadre du travail, il est de coutume que l'on vous demande d'effectuer une tâche n'ayant aucun rapport avec vos missions habituelles, sans explication de la part des supérieurs.

Le respect de la hiérarchie et des anciens est très important dans les relations, influencées par la philosophie confucéenne. Le dernier mot est souvent accordé aux personnes plus âgées, que l'on considère plus expérimentées. Face à un jeune Coréen, même expert dans son domaine, un collègue plus âgé sera toujours considéré de manière implicite comme un supérieur qui peut lui imposer son avis. Cependant, on retrouve ces méthodes de travail en majorité dans les entreprises dites « traditionnelles », et les mentalités et comportements évoluent vers un style de management moins rigide.

### Des obligations professionnelles multiples

La culture de l'alcool est très présente en Corée du Sud, y compris dans la sphère professionnelle. Il existe une règle implicite selon laquelle, si votre supérieur vous demande de boire avec lui, vous et vos collègues devez accepter l'invitation, quels que soient le jour de la semaine et vos impératifs. Ces *afterworks*, qui sont très réguliers et peuvent durer des heures, font partie des obligations professionnelles.

Le livre *Pali Pali et les Managers coréens* vous permet de découvrir les coulisses d'une entreprise dynastique coréenne. Ancien dirigeant d'une filiale européenne du *chaebol* KIA Motors, Jean-Charles Lievens nous offre une plongée dans l'univers du « management à la coréenne » à travers ses propres expériences.

Les employés de bureau se rendant au travail le matin. Séoul, Corée du Sud.

## LA TECHNOLOGIE DE POINTE

Dès les années 1990, le gouvernement investit en masse dans le domaine de la technologie. Depuis, plusieurs millions d'euros sont engagés chaque année dans la robotique. Les robots ont déjà leur place dans les écoles maternelles, où ils servent d'outils pédagogiques pour aider les enfants en les préparant dès le plus jeune âge au monde de demain.

### La ville la plus connectée au monde

La 5G est une réalité depuis plusieurs années en Corée du Sud et, alors que de nombreux pays n'ont pas encore déployé ce réseau, elle prépare déjà l'arrivée de la 6G. Quasiment toute la population a accès au haut débit, et la capitale est couverte entièrement par le Wi-Fi, faisant d'elle la ville la plus connectée au monde. Les Séoulites ont donc accès aux services en ligne en permanence.

Il existe des applications pour tous les contextes. Vous le savez maintenant, les Sud-Coréens travaillent beaucoup, ils n'ont donc que très peu de temps à leur disposition, et toutes les applications qui facilitent la vie font un tabac. On peut notamment mentionner les « e-supermarchés », un concept de magasins virtuels qui vous permettent d'effectuer vos courses sur une application, mais également dans le métro *via* des écrans géants : vous recevez en moins d'une heure vos courses directement chez vous.

Panneaux publicitaires dans le métro de Séoul, Corée du Sud.

**La technologie, clé d'une indépendance totale ?**

Dans cette même dynamique, stimulés par la tendance sans contact de la pandémie de Covid-19, des petits magasins en libre-service équipés de plusieurs caméras de surveillance se sont développés, rendant le consommateur autonome grâce aux différents distributeurs et machines ouverts 24 heures sur 24.

**Une société de plus en plus dépendante du numérique**

Malheureusement, ce niveau de connectivité possède des aspects négatifs, et plusieurs enquêtes ont démontré que des milliers de Coréens étaient dépendants à Internet.

Le gouvernement agit pour lutter contre les addictions numériques en mettant en place des camps de traitement de la dépendance à Internet, notamment chez les jeunes.

Ryan, le personnage populaire de KakaoTalk, boutique Kakao Friends, Séoul, Corée du Sud. L'application la plus connue est KakaoTalk. Ce service de messagerie s'est très vite développé en une plateforme offrant de nombreux services : jeux, forums de discussion, achat de café, service de paiement… et bien plus encore.

## LA PLACE DE LA FEMME DANS LA SOCIÉTÉ

Il est important de rappeler que, lorsque l'on évoque le mythe fondateur de Dangun en Corée, l'ours devenu femme n'est que très peu mentionné alors que le personnage a une place centrale dans l'histoire. Ce n'est pas un hasard si la femme disparaît ainsi : cela est dû à la politique nationaliste des années 1970 du dictateur Park Chung-Hee, qui avait annoncé « *Les hommes, le Ciel, les femmes, la Terre* ». Dans cette idéologie, diffusée jusque dans les manuels scolaires, c'était l'homme qui était détenteur du pouvoir. Les écoliers de l'époque, aujourd'hui adultes, sont encore très marqués par cette idéologie.

### Une stricte hiérarchie des sexes

Une seconde cause peut être invoquée pour expliquer la forte inégalité entre les hommes et les femmes en Corée du Sud : le néoconfucianisme qui structure la société. La dynastie Joseon (1392-1918) considère celle qui la précède comme moralement dépravée. Elle se donne pour objectif de purifier et réorganiser la Corée selon les principes confucéens. La société coréenne se voit alors organisée autour d'une échelle sociale, où les femmes sont considérées institutionnellement comme inférieures aux hommes.

### Le monde du travail, creuset des inégalités

D'un point de vue économique, on voit que la femme pèse encore trop peu dans la balance. De nombreux chiffres nous montrent pourquoi un plafond de verre existe bel et bien en Corée du Sud et que, même si des améliorations se font sentir, le pays est encore loin de l'égalité de genre dans le domaine économique. Le KSIS (institut officiel de sondages coréen) montre que 51,1 % des femmes en âge de travailler occupent un poste, contre 72 % des hommes. À cela, ajoutons les différences salariales liées au sexe : les femmes étaient payées en moyenne 36,6 % de moins que les hommes en 2016.

Séoul, Corée du Sud.

Il s'agit du plus grand écart recensé parmi les pays de l'OCDE, la France enregistrant en comparaison un écart de salaire de 16,5 % la même année. Ainsi, on note une surreprésentation des femmes dans les métiers précaires.

### Réglementer les inégalités au travail

Pour illustrer pleinement le constat fait sur l'impact de la politique de Park Chung-Hee sur la vision que les Coréens ont des femmes, nous pouvons reprendre l'étude de *Saramin* (site Web de recherche d'emploi en Corée du Sud) datant de 2016, qui a déterminé qu'un tiers des entreprises avaient déjà rejeté des candidatures de femmes (sur)qualifiées sous prétexte que « seul un homme était capable de faire ce travail ». Pour lutter contre ces inégalités, diverses lois interdisent la discrimination de sexe ou de genre dans le cadre de l'emploi. Par exemple, la loi sur l'égalité de l'accès à l'emploi de 1987 interdit la « discrimination sexuelle dans le recrutement, les salaires, l'enseignement et la formation professionnels, le déploiement, les promotions, la retraite et le renvoi ». De manière plus globale, la Constitution interdit les discriminations, et la Corée du Sud a ratifié les traités internationaux relatifs aux droits humains.

### Entre progrès et régression sociale

Disposer librement de son corps reste une problématique chez les femmes sud-coréennes. Incitées à la douceur, la beauté et la soumission, elles sont souvent réduites à des objets sexuels pour les hommes. Le progrès technologique, d'ailleurs, est « mis au service de la misogynie », comme l'annonce Yun Ji-Yeong, en 2019. En effet, alors que la Corée du Sud est considérée comme l'un des pays les plus sûrs de la planète, la mairie de Séoul (quasi aussi puissante que le gouvernement national) a dû réagir au scandale des *molka* (caméras espions placées dans les toilettes publiques pour filmer les femmes à leur insu) dont des centaines de femmes ont été victimes.

C'est dans ce contexte qu'en 2018, en écho au mouvement international #MeToo, les Sud-Coréennes se sont fortement mobilisées pour manifester contre les poseurs de *molka* et plus largement contre les inégalités économiques et sociales de genre, et les violences sexistes et sexuelles. Ces manifestations se sont multipliées, malgré les dangers encourus par les participantes.

### Une société de plus en plus antiféministe

En effet, en parallèle se développe un mouvement masculiniste radical considérant que « le féminisme est une maladie mentale ». En Corée du Sud, près de 60 % de jeunes hommes se déclarent fortement opposés au féminisme en 2021, et agissent en conséquence avec une grande violence. Ils n'hésitent pas à appeler au meurtre sur les réseaux sociaux, à harceler sexuellement et/ou psychologiquement, ou encore agresser physiquement les manifestantes avec du sperme. Ces hommes pensent que les femmes féministes les détestent et ne méritent pas d'avoir de droits puisqu'elles ne font pas leur part du travail dans la société. Leur argument principal s'appuie sur le fait que le service militaire n'est obligatoire que pour les hommes. Ils perdent donc deux ans sur le marché du travail, ce qui leur apparaît comme une perte de privilège dans cette société ultra-compétitive. Pourtant, comme nous l'avons vu précédemment, les inégalités économiques et d'accès à l'emploi sont largement en faveur des hommes.

Ainsi, la société sud-coréenne, malgré son développement économique spectaculaire, a encore un long chemin à parcourir en ce qui concerne l'égalité de genre. L'ancien président Moon Jae-In (mandat 2017-2022) coopérait avec les mouvements de lutte pour les droits des femmes. Il s'était notamment engagé à renforcer le rôle du ministère de l'Égalité des sexes, que son successeur, Yoon Seok-youl, a prévu de supprimer.

## LA GÉNÉRATION *SAMPO*

La génération *Sampo* désigne une tendance émergente en Corée du Sud : celle de la génération qui refuse les relations amoureuses, le mariage, et les enfants. Elle concerne surtout les personnes qui ont entre 20 et 35 ans. Si l'on s'attarde sur l'étymologie du mot, on note que *sam* signifie « trois » et *po*, « renoncement ».

> Ce phénomène est certes remarquable en Corée, mais il ne faut pas oublier qu'on le retrouve dans beaucoup de pays occidentaux. Les raisons sont peut être sensiblement différentes, mais ce n'est pas un phénomène purement sud-coréen.

### Refuser la tradition

La question qui peut se poser reste cependant : pourquoi ce refus ? Il peut s'expliquer majoritairement par deux facteurs.

Le premier est le développement de l'individualité au détriment du groupe. Cela s'est notamment passé en Occident au cours du XIX$^{e}$ et du début du XX$^{e}$ siècle, avec la révolution industrielle. Même si les valeurs confucéennes restent très présentes dans la société, certaines commencent cependant à s'effriter. C'est le cas de celle de la primauté du groupe.

La seconde raison est – sans vouloir être redondant – la pression de la compétition. Il n'est pas évident de nos jours de terminer avec succès de bonnes études, puis de trouver un emploi respectable, ainsi qu'un ou une partenaire de vie convenable avec qui fonder une famille. Famille dans laquelle il faudra ensuite investir énormément de temps et d'argent – notamment pour l'éducation des enfants. Ainsi, un grand nombre de Coréens et de Coréennes décident de renoncer à ces trois piliers de la société pour vivre pour eux-mêmes, plutôt que pour les autres. En se promenant dans les rues de Séoul, on comprend que beaucoup de gens sont en couple ! Et c'est pour cela que faire le choix de ne pas l'être bouscule les codes dans ce pays.

### Une société taillée pour deux

En effet, la Corée est le pays du couple, ce qui peut être déprimant pour certains, ou forcer l'admiration pour d'autres ! Ils sont très reconnaissables ; munis de leurs *couple outfits*, perches à selfies et appareils photo professionnels, ils arpentent main dans la main les lieux les plus photogéniques pour immortaliser des souvenirs mémorables. Il n'est pas rare d'en croiser dans la rue, tellement bras dessus bras dessous qu'il leur est compliqué de marcher !

De plus, tout dans la société est fait pour profiter à deux : menus à partager, set de tenues assorties dans les magasins de vêtements, *photobooth*, anniversaires des 100, 200, 300 jours, anneaux d'engagement, Saint-Valentin, White day, Black day, etc.

Cependant, cette culture du couple reste à relativiser pour les Occidentaux puisque la vision du couple est elle aussi différente. On se met en couple plus vite, on se dit « je t'aime » plus vite, mais on se sépare plus vite aussi.

## LA CULTURE *NEWTRO* : SE RÉAPPROPRIER LE PASSÉ

*Newtro* décrit une tendance populaire de la culture des jeunes, et est définie par une réinterprétation des styles de design vintage et rétro.

### La nostalgie comme phénomène de mode

Le *newtro* trouve en majorité ses références dans les codes des années 1990, mais également du XIX^e siècle. À travers les souvenirs et l'histoire de leurs parents et de leur pays, les jeunes Coréens redécouvrent et réinterprètent un mode de vie vintage. Ils développent un attachement nostalgique aux styles de design qui prévalaient à l'époque où ils sont nés.

Un désir d'authenticité, de simplicité et d'expériences nostalgiques est le moteur de la popularité du *newtro*, mais la possibilité de partager des expériences inspirées de cette tendance via les réseaux sociaux confère également au mouvement un ancrage résolument contemporain.

### Une tendance étendue à tous les aspects de la culture

*Newtro* est une tendance dite « totale », ce qui signifie qu'elle influence un large éventail de caractéristiques de la culture coréenne. La mode, les intérieurs, les graphismes, les jeux et la culture des cafés connaissent tous un renouveau dans des styles vintage.

Grâce au succès du drama produit par Netflix *Mr. Sunshine*, la télévision et le cinéma connaissent un regain d'intérêt pour les dramas d'époque. La tendance a également un impact sur le tourisme, avec de plus en plus de jeunes Coréens cherchant à reproduire des expériences vintage « authentiques » en visitant de vieux villages et des quartiers urbains historiques, aux styles architecturaux traditionnels, tels que le village de Bukchon Hanok à Séoul.

### Entre tradition et modernité : se jouer des codes pour mieux se les approprier

L'enthousiasme pour tout ce qui est rétro en Corée du Sud fait écho aux tendances culturelles mondiales parmi les consommateurs de la génération Y. Cependant, alors que l'authenticité, le romantisme et la tradition du passé sont redécouverts, ils sont toujours canalisés et remodelés à travers l'œil d'un *millennial*. Cette rencontre entre le passé et les technologies contemporaines conduit à un phénomène culturel complètement nouveau. Le phénomène *Newtro* fait bien sûr aussi l'objet de critiques. En effet, alors que l'on compte de plus en plus de « consommateurs » de la culture Newtro, le professeur Kyun-Sik Jang du Département d'histoire de l'université Chung-Ang souligne les dangers d'une consommation sans conscience historique. L'emprunt de la tradition pour en faire un concept commercial risque d'en effacer l'identité d'origine.

Bukchon Hanok à Séoul.

POCHA
싸다구
호프 소주
6F
국가정보학원
종로
주막
대신
부동
3F
감성맥주
Heineken
건물주와 세입자는 가족입니다. 임대료 인하하여 골목상권 활성화 합
갑이 도와야 을이 삽니다. 을이 죽으면 갑도 죽습니다. 관철동 문화발전 위원회
맥주 마트
생갈비김치찌개
매운갈비찜
steamed kimchi
황소곱창
종로
W
Cyworld
노래방
최신시설
평일주간
5,000원~
해물떡찜
Cass
DRAFT
OB
월매네
안주무료
서비스
크림생막걸리
동동주
막걸리
복분자막걸리
포도막걸리
복숭아막걸리
W
노래방
최신시설
녹음무료
세계각국노래
9
호프&소주

# Remerciements

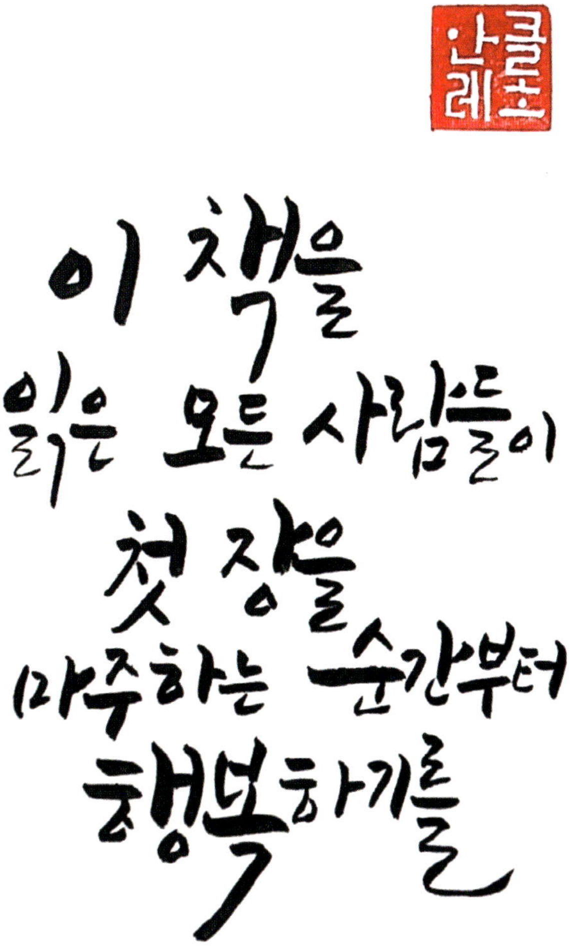


Ma mère, Marie-Hélène Butelle-Duval
Mes frères, Paul et Louis Duval

Un grand merci pour leurs avis éclairés,
Tifenn Genestier
Mathilde Varboki
Albane Savin

Pour la relecture et les corrections,
Elodie Da Cruz Gomes

Aux photographes,
Pape San
Cosette David
Tiffany Boubkeur

Aux Éditions Larousse,

À toi lecteur, lectrice, j'espère que ce livre t'aura plu et que tu auras fait de nouvelles découvertes. N'hésite pas à partager ton avis sur les réseaux sociaux en me taguant **@koreac.fr** ! Cela me fera très plaisir de voir ce bel ouvrage entre tes mains.

# Crédits photographiques

© Pape San (p. 5) • © Frank and Frances Carpenter Collection, Library of Congress Prints and Photographs Division Washington, États-Unis (p. 15) • © Judd Weiss (p. 33) • © Tiffany Boubkeur (pp. 85, 87) • *Miindo* (Jolie femme) Hyewon, Shin Yun-bok (1758 - environ 1813) Couleurs sur soie • © Fondation Gansong d'art et de culture, Seongbuk-gu, Séoul (p. 96) • © Cosette (p. 111) • Photographe inconnu. Hall, Rosetta Sherwood. About 1900. Mrs. Esther Kim Pak, M. D., Korea's first woman doctor Boston. Woman's Foreign Missionary Society, Methodist Episcopal Church. Via Internet Archive (p. 115) • © GettyImages/JTBC PLUS (pp. 120, 122, 137) • © GettyImages/Matthew Simmons (p. 120) • © GettyImages/Han Myung-Gu (pp. 123, 124, 125) • © GettyImages/Fairfax Media (p. 127) • © GettyImages/AMA2020 (p. 129) • © GettyImages/Scott Dudelson (p. 130) • © GettyImages/VCG (p. 135) • © GettyImages/Michael Boardman (p. 136) • © GettyImages/Riot Games (p. 140) • © GettyImages/Sebastien Vincent (p. 150) • © GettyImages/Kyodo News (p. 152) • © GettyImages/Fabrice Dall'Anese (p. 154) • © GettyImages/Mondadori Portfolio (p. 175) • © Shutterstock et AdobeStock

Achevé d'imprimer en France par Pollina
Dépôt légal : septembre 2022 - 331471/01
N° de projet : 11050561 - septembre 2022